INTELLIGENT INVESTIEREN IN KRISENZEITEN

In kürzester Zeit zum Anlageprofi

Wie Sie die turbulenten Zeiten jetzt zu Ihrem Vorteil nutzen und Ihr Geld ohne großes Risiko höchstprofitabel anlegen

INHALT

Das erwartet Sie in diesem Buch

Das vorliegende Buch zeigt Ihnen zunächst verschiedene Grundlagen der Geldwirtschaft auf und definiert hierbei einige grundlegende Begriffe. Darauf aufbauend werden diese Begrifflichkeiten vertiefend im Rahmen von Entscheidungen in Prozessform behandelt. Hierbei werden Themen wie Entscheidungstheorie, Projekt- und Prozessmanagement sowie Modelle von Entscheidungen vorgestellt. Ebenfalls wird der große Bereich von Risiken vorgestellt und Entscheidungen in Zeiten von Unsicherheiten behandelt, gerade im schnelllebigen Bereich der Finanzwirtschaft. In der heutigen Zeit sind Lebenszyklen von Anlagemitteln sehr kurz gestaltet.

Daher werden schnelle Entscheidungen auf verschiedenen Grundlagen und mit viel Hintergrundwissen benötigt. Im Rahmen der Verwaltung von Geldern wird auf den Begriff der Verwaltung näher eingegangen sowie Fragen zu Eigenständiger oder fremder Verwaltung beantwortet. In der strategischen Finanzplanung wird zu Beginn der Begriff der strategischen Planung definiert und anschließend eine Umsetzungsstrategie aufgebaut.

Durch das sorgfältige Durcharbeiten dieses Buches werden Sie anschließend in der Lage sein, den Finanz- und Geldmarkt anders zu betrachten. Dadurch werden Sie in der Lage sein, verschiedene Formen der Geldanlage auseinanderzuhalten und schließlich Ihr Vermögen strategisch zu planen, zu steuern und zu verwalten. Dieses Buch soll Ihnen jedoch dabei als Anker und nicht als „Kochrezept“ dienen, denn die Formen der Geldanlage sind sehr kurzlebig und können daher nicht gänzlich ausgearbeitet werden, ebenso ist ein Wort der Warnung geboten. Viele

Ausführungen in Büchern wie dem Vorliegenden beruhen auf Erfahrungen aus der Vergangenheit. Der Zukunft im Finanzmarkt unterstehen viele Faktoren, daher kann ausschließlich auf zurückliegende Erfahrungen gebaut werden, eine Sicherheit bieten diese jedoch nicht. Daher soll Ihnen dieses Buch genau solche Risiken und eine Strategie zur erfolgreichen Anlage aufzeigen.

DISCLAIMER

In diesem Buch werden Themen behandelt, die auch steuerrechtliche sowie rechtliche Informationen darlegen. An dieser Stelle wird ausdrücklich betont, dass dieses Buch keine Steuer- sowie auch keine Rechtsberatung durch Fachpersonal ersetzen kann.

Obwohl dieses Buch mit größtmöglicher Sorgfalt erstellt wurde, kann es Fehler enthalten. Daher wird nochmals betont, dass Sie die aktuellen Informationen und Ratschläge zum Beispiel einem Fachanwalt, einem spezialisierten Steuerberater oder Vermögensverwalter einzuholen haben.

Die in diesem Buch aufgeführten Ratschläge wurden mit aktuellen Quellen und nach bestem Wissen und Gewissen erstellt. Daher werden für Schäden jeglicher Art durch Handlungen aufgrund dieses Buches keinerlei Haftungen übernommen. Dieses Buch dient allein als Ratgeber und als Darlegung der verschiedenen Möglichkeiten zur Geldanlage.

Im „Quellen- und Literaturverzeichnis“ werden die angewendeten Quellen aufgeführt. Diese können Ihnen auch als weiterführende und vertiefende Informationsquelle dienen.

GENDERHINWEIS

In diesem Buch wird hauptsächlich die männliche Form von

Berufsbezeichnungen und Beschreibungen aufgrund ihrer kurzen Darstellung und der Lesbarkeit angewendet. Selbstverständlich ist auch immer die weibliche sowie auch die diverse Form gemeint.

Grundlagen der Geldwirtschaft

Seit Angedenken werden Tauschgeschäfte als Gegenleistung durchgeführt. Daher war es üblich, z. B. in Dörfern zwischen Nachbarn zu tauschen, was der eine nicht hat und dem anderen fehlt. Das Jagen und Sammeln ist der Urinstinkt der Menschheit noch in den heutigen Generationen.

Dieser Urinstinkt basiert auf der Zeit, in der weder Geld noch Technik oder Zivilisation herrschte und die Jagt sowie das Sammeln von Nahrung an der Tagesordnung standen. Im übertragenen Sinn lässt sich davon auch die heutige Tagesordnung dem „Rennen nach Geld“ ableiten, damit ein modernes Tauschgeschäft getätigt werden kann. In der heutigen modernen Welt ist daher ein universelles Zahlungsmittel, dass jeder beziehen kann, unabdingbar.

Daher erfahren Sie in diesem Kapitel, wie Geld verdient und ausgegeben werden sowie Geld angelegt werden kann. Damit der Staat ebenfalls leben kann, ist es notwendig, Steuern abzuführen, in welchem Umfang dies geschieht, erfahren Sie ebenfalls in diesem Kapitel.

GELD BEZIEHEN

Aus dem ehemaligen Tauschgeschäft von Gegenständen ist ein Bezahlen von Leistungen und Gütern geworden. Dieses Bezahlen von Leistungen erfordert den Besitz von Zahlungsmitteln. Diese Zahlungsmittel werden in Form von Geld in verschiedenen Währungen, z. B. Euro, Dollar, Schweizer Franken usw., bereitgestellt. Das Prinzip ist einfach: Wer Geld hat, kann sich damit kaufen, was er will und wann er es will.

Warum braucht die moderne Gesellschaft Geld?

Kaufen. Was bedeutet das Wort und wie wird es umgesetzt? Damit Menschen in der heutigen Zeit bestehen, ernährt und unterhalten werden können (also kurzum: leben können), steigt der Bedarf an Geld. Sobald ein Mensch eine Leistung nicht selbst erbringen kann, z. B. Nahrung, Reparaturen, Ausgang etc., ist eine Beauftragung eines fremden Menschen notwendig, damit diese Leistung bezogen werden kann.

Jetzt denken Sie sich sicherlich, dass Leistungen, die selbst nicht erbringbar sind, auch nicht benötigt werden bzw. dass auf andere Leistungen ausgewichen werden kann. Dazu ist nur eines zu sagen: Vergessen Sie es! Schauen Sie sich im Haus um: Können Sie sich ein Stück Fleisch oder das Obst und Gemüse selbst herstellen? Können Sie das Wasser für die Toilette selbst aus dem Ihnen nächstgelegenen Fluss oder See heranschaffen oder den Strom für Ihren Fernseher herstellen? Wie Sie sehen, sind ganz einfache und alltägliche Tätigkeiten, die einem als selbstverständlich und natürlich vorkommen, plötzlich nicht mehr zu realisieren, wenn Sie ganz auf sich gestellt wären. Daher ist es notwendig, die Systeme, die unser alltägliches, modernes Leben ermöglichen, zu erhalten.

Das System besteht darin, sich untereinander zu beauftragen. Was früher die Gegenstände waren, die getauscht wurden, ist heute die Arbeitskraft, die getauscht wird. Ein Mensch erbringt für jemand anderen eine Leistung und wird im Gegenzug für die vollbrachte Arbeit bzw.

Leistung entlohnt, umgangs-sprachlich ist auch von „Geld verdienen" die Rede.

Was bedeutet es „Geld zu verdienen" und wie wird es umgesetzt?
Jeder Mensch hat Vorlieben und Träume. Damit er sich diese leisten kann, ist es notwendig, Geld zu verdienen, um es schließlich für bestimmte Leistungen ausgeben zu können.

Jeder Mensch ist in der Lage, Arbeit zu leisten so wie früher: Jeder hatte eine bestimmte Aufgabe; die einen waren für das Jagen zuständig, andere wiederum für das Zerlegen und Zubereiten, am Schluss kamen alle zusammen und haben die Mahlzeit genossen.

Heute ist das so, dass Arbeitskräfte zur Erhaltung des modernen Systems erforderlich sind. Damit der Strom zu uns in die Steckdose gelangt, bedarf es an vielen Stellen Arbeitskräften, die sich damit Geld zum Lebensunterhalt verdienen. Kurzum bedeutet das, dass für jede Kleinigkeit, die ein Mensch sich heute leisten möchte, die Unterstützung eines anderen Menschen benötigt wird.

Hierzu gibt es verschiedene Bereiche, wie z. B. die Lebensmittelindustrie, Industrie zur Herstellung von Maschinen und Anlagen sowie die Bauindustrie. An dieser Stelle sei erwähnt, dass es noch viele andere Bereiche gibt. Eine einfache Überlegung erklärt das Zusammenspiel dieser drei gewählten Bereiche: Die Bauindustrie errichtet Gebäude, in denen Maschinen zur Herstellung von Lebensmitteln hergestellt werden. In jedem dieser Bereiche arbeiten Menschen, damit sie sich ihren Lebensunterhalt finanzieren können, und erstellen so Leistungen, die wiederum verkauft werden. Hier im Beispiel sind es Gebäude, Maschinen, Anlagen und Lebensmittel.

Wobei die Gebäude, Maschinen und Anlagen häufig nur durch Unternehmen bezogen werden und auch als „Zwischenschritte" der

Wertschöpfung angesehen werden. Wobei das Endprodukt, das an die Verbraucher verkauft wird, „das Lebensmittel", als Endprodukt angesehen und dadurch an Endkunden verkauft wird. Daher kommt es häufig vor, dass Leistungen, wie z. B. die Herstellung von Lebensmitteln durch die Arbeitskraft, die sie zuvor hergestellt hat, selbst bezogen werden. Dieses einfache Beispiel ist auf beinahe jede Branche übertragbar, da nahezu jede Branche Geschäftskunden und Endkunden haben. Mit Geschäftskunden sind Kunden gemeint, die nicht für sich selbst Waren oder Leistungen einkaufen, sondern zur Weiterverarbeitung und zum Verkauf an Endkunden.

Als Beispiel ist hier die Gastronomie zu nennen. Ein Gastronom, der Lebensmittel einkauft, kauft diese indirekt für sich ein, denn er verarbeitet diese Lebensmittel in Form von leckeren Speisen und verkauft diese an seine Kundschaft, die zu ihm ins Gasthaus kommt. Diese bezahlen wiederum das Essen, was der Gastronom vorher als Rohstoff eingekauft hat. Von dieser Bezahlung gehen weitere Kosten z. B. der Lohn des Gastwirtes, des Kochs sowie Kosten für das Gebäude und Rohstoffe ab.

Daher ist es häufig teurer, in einem Gasthaus zu speisen, als selbst zu kochen. Allerdings bedeutet selbst zu kochen auch, alles selbst zu machen: Die Rohstoffe einzukaufen, die Vorbereitungen selbst zu treffen usw., bis ein fertiges Gericht zustande kommt. Daher ist es zwar günstiger, selbst ein Gericht zuzubereiten, dafür fehlt jedoch der Komfort und das Flair in einem Gasthaus mit seinem Partner oder sonst jemandem auszugehen und zu essen. Allerdings ist für diesen Komfort mit Geld zu bezahlen.

Welcher Unterschied besteht zwischen „verdienen" und bekommen?

Viele Menschen sind der Meinung, je härter sie arbeiten, desto verdienter können sie ihren Lohn vom Arbeitgeber entgegennehmen. Daher kommen auch häufig böse Zungen zum Einsatz, wenn Menschen Sozialhilfe und Arbeitslosengeld beziehen, indem gesagt wird: „Das Geld bekommst du eh nur in den Rachen geschoben."

Hier müssen jedoch einige Dinge auseinandergehalten werden. Zum einen ist es das soziale System eines jeden Staates. Es kann z. B. nicht sein, dass Menschen in einem Sozialstaat ohne Mittel dastehen und auf der Straße leben müssen.

Natürlich gibt es auch solche Menschen, die es vorziehen, auf der Straße zu leben, jedoch ist dies in Deutschland auch in den schlimmsten Fällen nicht notwendig, da jedem eine Grundversorgung zusteht. Es gibt viele Gründe, arbeitslos oder Sozialhilfeempfänger zu werden, auf diese Gründe wird hier nicht weiter eingegangen. Fakt ist, dass diese Personengruppe ebenso wie die „Arbeitergesellschaft" besteht und es kein Grund ist, auf sie herabzusehen. Denn eines klar, jeder aus der „Arbeitergesellschaft" kann in eine solche Lage kommen, in der er schnell zu einem Sozialhilfeempfänger oder Empfänger von Arbeitslosengeld wird.

Im Folgenden werden Sozialhilfeempfänger und Empfänger von Arbeitslosengeld kurz „Leistungsempfänger" genannt, dies soll keinesfalls herabwürdigend sein, sondern aus Gründen der Vereinfachung und der Lesbarkeit des Textes erfolgen.

Leistungsempfänger können ihr Geld von verschiedenen Institutionen erhalten. Dies können z. B. das Arbeitsamt, das Sozialamt oder eine andere Institution sein, die hierfür zuständig ist. Im Folgenden ist hierbei der „Staat" gemeint. Dabei werden z. B. Steuergelder oder Gelder, die die Person im Rahmen von Versicherungen, z. B. Pflege- oder Rentenversicherung, im Laufe ihres Berufslebens einbezahlt hat, verwendet. Leistungsempfänger können im Rahmen von gesetzlich definierten Höhen die ihnen zustehende Leistungen beantragen. Nach der jeweiligen Bewilligung wird das Geld monatlich auf das Konto überwiesen und steht dem Leistungsempfänger zur Verfügung. In seltenen Fällen wird das Geld auch direkt vor Ort ausbezahlt, das ist jedoch selten.

Eine ähnliche Prozedur durchläuft auch ein klassischer Arbeitnehmer, indem er sich bei einem potenziellen Arbeitgeber bewirbt. Nach erfolgreicher Bewerbungsphase wird dieser eingestellt und erhält sein Gehalt monatlich überwiesen. Die klassische „Lohntüte" im Wochen- oder Zweiwochenformat ist heute ebenso nicht mehr üblich wie die Übergabe von Bargeld.

Wie entstand das moderne Geld, das wir heute kennen?

Jeder Mensch hat Vorlieben und Träume. Damit er sich diese leisten kann, ist der Besitz von Geld essenziell wichtig. Hierbei gilt es zu beachten, dass Geld nicht einfach so gedruckt wird und auch nicht einfach so übermittelt bzw. bezogen werden kann, zumindest auf dem Papier nicht. Hier ist die Rede von Giralgeld. Giralgeld entsteht, einfach gesagt, durch Bewegung von Zahlen auf Konten. Dabei denken sich viele Menschen, dass folgendes Prinzip gilt: „Jemand hat Geld" und „jemand braucht Geld". Der Sparer, der Geld hat, bringt es zur Bank oder investiert es in Anlagen. Hierfür bekommt der Sparer im Gegenzug die entsprechende Bescheinigung, dass es sein Geld ist. Dabei ist die gängige Meinung, dass nun hiervon die Bank das Geld anschließend jemand anderem zur Verfügung stellt, der z. B. einen Kredit für die Realisierung eines Traumes benötigt.

Dabei ist weit gefehlt, heute ist dies nicht mehr so; heute gilt das Prinzip der Giralgeld-Schöpfung. Hierbei wird das Geld des Sparers z. B. auf einem Sparbuch „stillgelegt", damit geschieht nichts weiter und das Geld für den Kreditnehmer wird durch die Bank aus dem Nichts erschaffen. Somit haben diese beiden Vorgänge in der heutigen Zeit absolut nichts miteinander zu tun.

Das Prinzip der Giralgeld-Schöpfung funktioniert so, dass die Bank dem Kreditnehmer den Kreditbetrag von z. B. 10.000 auszahlt, hiervon ist die Bank verpflichtet, 1 bis 3 % der Zentralbank als Sicherheit zu hinterlegen, das sogenannte Mindestgelderfordernis. Damit wird das Giralgeld auch Buchgeld genannt, gemeint ist damit das elektronische Geld auf unseren Konten. Nachfolgende

Tabelle **1** zeigt das Beispiel der Giralgeld-Schöpfung, wie aus einem Kredit weiteres Geld wird, das wiederum andere Beleihen können.

Tabelle 1: Giralgeld Schöpfung am Beispiel dreier Kredite [1]

Kredit 1	Kredit 2	Kredit 3	Geldschöpfung	Sicherheit bei der Zentralbank
1.000 €	900 €	810 €	2.710 €	190 €

Wenn es kein Mindestgelderfordernis gäbe, könnten die Banken unendlich viel Giralgeld schöpfen, ohne dass die Güter und Leistungen im selben Tempo mitwachsen würden. Hieraus würde sich eine sogenannte Geldblase entwickeln, durch welche die Inflation sich sehr stark erhöhen würde. Es träfe zu viel Geld auf zu wenige Güter und Dienstleistungen. Doch in heutiger Zeit geschieht häufig das Gegenteil, indem viel Geld für die Banken bereitgestellt wird, damit diese wiederum das Geld für günstige Kredite zur Verfügung stellen können.

Es ist somit ein fast ewiges Hin und Her. Dabei wurde unsereins immer gesagt, dass Geld nicht verbraucht werden kann, sondern dass es nur jemand anderes besitzt. Mit der heutigen Form des buchstäblichen Gelddruckens in Form von Giralgeld oder Buchgeld kann die Aussage relativiert werden, allerdings wird im Folgenden auch weiterhin von „Geld ausgeben“ und nicht von „Geld verbrauchen“ die Rede sein.

GELD AUSGEBEN

Nachdem das Thema des Bezugs von Geld ausführlich erläutert wurde, wird im Folgenden beschrieben, wie das viele bezogene Geld ausgegeben werden kann. Beim Ausgeben von Geld ist gemeint, dass bezogenes Geld, in welcher Form auch immer, für Güter und Dienstleistungen sowie auch für andere Formen z. B. Geldanlagen ausgegeben wird. Die Form der Ausgabe von Geld in Form von Geldanlagen wird im nachfolgenden Kapitel „Geld sammeln und verstauen" beschrieben. Dieses Kapitel behandelt das Thema ausgeben von Geld im Bereich von Gütern und Dienstleistungen.

Welche Rechtsgrundlagen bestehen?

Damit Geld ausgegeben werden kann, ist es immer notwendig, einen Vertrag abzuschließen. Diese Verträge können dabei sehr unterschiedlich sein und auch durch Personen unterschiedlicher Altersgruppen geschlossen werden.

Dabei ist ein Vertrag ein Mittel zur rechtlichen Gestaltung der persönlichen oder wirtschaftlichen Verhältnisse durch übereinstimmende Willenserklärung zweier oder mehrerer Parteien [2, S. 3697]. Es gibt z. B. Verträge, die mündlich, ohne Worte oder auch schriftlich geschlossen werden können. Dabei zeigt immer der Vertragsabschluss einen bestimmten Inhalt zwischen Verkäufer und Käufer. Darunter können sich auch mehrere Parteien befinden, die auf der ersten Seite namentlich alle benannt werden und im laufenden Vertrag einfach als „Käufer" und „Verkäufer" abgekürzt werden.

Dieses Vorgehen beschreibt den schriftlichen Vertrag, doch es gibt auch weitere Verträge, die mündlich abgeschlossen werden können. Als Beispiel kann hier der Einkauf im Supermarkt genannt werden. Bei einem Einkauf in einem Supermarkt wird der Einkaufswagen befüllt.

Hierbei erklärt der Käufer indirekt seinen Willen für den Kaufvertrag, indem er die gewünschten Waren aussucht und anschließend an der Kasse bezahlt. Grundsätzlich ist gesetzlich festgelegt, dass Personen ab 18 Jahren (Volljährigkeit) rechtlich verbindliche Verträge mit allen Rechten, Pflichten und Konsequenzen schließen können. Allerdings haben bereits Kinder und Jugendliche Geld, das sie ausgeben können. Diese Gelder kommen in Form von Geschenken, Nebenjobs oder Taschengeld. Im Rahmen der beschränkten Geschäftsfähigkeit können Kinder und Jugendliche ihr eigenes Geld ausgeben.

Dabei hat der Gesetzgeber festgelegt, dass Kinder unter sieben Jahren geschäftsunfähig sind und Eltern gegen Rückgabe der Ware das Geld zurückverlangen können (§ 105 BGB). Innerhalb der beschränkten Geschäftsfähigkeit, die der Gesetzgeber zwischen 7 und 17 Jahren festgelegt hat, können Minderjährige beschränkte Geschäfte abschließen (§ 106 BGB ff). Allerdings ist hierbei zu beachten, dass die Eltern z. B. bei rechtlich nachteiligen Verträgen ihre Zustimmung bzw. ihre Genehmigung verweigern können, in diesem Fall ist das Geld gegen Rückgabe der Ware herauszugeben.

Der Taschengeldparagraf kann hier oft zum Konfliktpunkt werden, wenn die Kaufsumme den Orientierungswerten entspricht. Der Taschengeldparagraf (§ 110 BGB) besagt, dass das Geld, welches einem beschränkt Geschäftspflichtigen überlassen wird (Jugendliche zwischen 7 und 17 Jahren), z. B. in Form von Taschengeld oder Schenkung, auch zur freien Verfügung dieser Person vorliegt. Dabei können sich Jugendliche einfach von ihrem Geld kaufen, was sie wollen, z. B. Essen, Kleidung, Spiele etc. Doch hierbei sind auch Grenzen gesetzt.

Dies gilt z. B. für Waren, die entweder gesetzlich verboten sind (z. B. Tabak, Alkohol), oder Waren, die durch die Eltern verboten wurden (z. B. Softair-Waffen). Allerdings gelten diese Verbote nicht nur für Waren, sondern auch für Dienstleistungen, bestimmte Dienstleistungen können

Jugendliche in Anspruch nehmen, z. B. eine Taxifahrt oder den Besuch im Nagelstudio. Grenzen sind hier z. B. bei Bars und Etablissements gesetzt, auch der Vertragsabschluss für ein Mobiltelefon kann nicht ohne die Zustimmung der Eltern erfolgen. In der Tabelle 2 ist eine Orientierungshilfe für die Gabe von regelmäßigem Taschengeld aufgeführt. Diese Tabelle dient zur Orientierung und ist an den finanziellen Möglichkeiten der Familie anzupassen.

Tabelle 2: Orientierungswerte zum Taschengeldparagrafen (§ 110 BGB) [3, S. 4 im PDF]

Altersgruppe	Wöchentliche Zahlung	Monatliche Zahlung
Bis 6 Jahre	1,50 €	-
Ab 6 Jahre bis 9 Jahre	2,50 € bis 3,50 €	-
10 Jahre bis 11 Jahre	-	16 € bis 18 €
12 Jahre bis 13 Jahre	-	22 € bis 25 €
14 Jahre bis 15 Jahre	-	30 € bis 35 €
16 Jahre bis 17 Jahre	-	45 € bis 55 €
Ab 18 Jahre	-	75 €

Verträge bzw. einzelne Passagen eines Vertrages sind im Allgemeinen nichtig, wenn sie gegen gültiges Recht verstoßen. Das bedeutet, dass in einem Vertrag Regelungen vereinbart wurden, die gegen rechtliche Bestimmungen oder Tarifverträge verstoßen. Hierbei kann selbst nach Vertragsabschluss einfach diese Passage ignoriert werden oder mit Zustimmung aller Vertragspartner durch eine korrekte und gültige Passage ausgetauscht werden.

Ein Tarifvertrag ist ein bürgerlich-rechtlicher Vertrag zwischen

Gewerkschaften (Arbeitnehmerseite) und Arbeitgeberverbänden zur Regelung ihrer Rechte und Pflichten sowie zur Festlegung arbeitsrechtlicher Normen [2, S. 3361].

Wie kann Geld ausgegeben werden und wofür?

Echtes Geld kann für alles ausgegeben werden, was ein Mensch braucht und sich wünscht. Allerdings ist bei der Ausgabe von Geld darauf zu achten, dass nicht über dem Verhältnis gelebt wird.

Das soll bedeuten, dass sich die Personen, die in einem Haushalt leben, zu überlegen haben, wie viel Geld sie zur Verfügung haben und was sie sich leisten können. Hierbei ist es wichtig, dass nicht das ganze Geld, das z. B. in Form von Arbeit oder Sozialleistung empfangen wird, ausgegeben, sondern auch für größere Anschaffungen auf die Seite gelegt wird. Dabei ist jedoch nicht gemeint, dass hiervon Urlaube finanziert werden. Mit größeren Anschaffungen ist gemeint, wenn z. B. Reparaturen am Haus oder Auto notwendig sind oder auch Geräte im Haus defekt werden.

Hierzu ist es notwendig, dass der Haushalt „liquide“ bleibt. Mit „liquide“ ist die Zahlungsfähigkeit gemeint, allerdings nicht die Zahlungsfähigkeit im Supermarkt, sondern in außerordentlichen Situationen. Die Kunst ist es also, dass zur Verfügung stehende Geld so zu verteilen, dass es für Nahrung, Kleidung, Wohnung, Elektronik und Luxus ausreicht, zusätzlich kommt noch die Rücklage von Geld z. B. auf einem Sparkonto dazu.

Manchmal kann es sein, dass z. B. innerhalb eines Monats mehr Geld ausgegeben wird, als ursprünglich zur Verfügung stand, weil jährliche Zahlungen zu tätigen sind oder außergewöhnliche Belastungen auftreten. Des Weiteren kann es auch für einige bestimmte Vorhaben sein, dass nicht genügend Geld verfügbar ist. Solche Vorhaben können z. B. der

Kauf eines Autos oder der Kauf einer Wohnung oder eines Hauses sein. Hierzu besteht die Möglichkeit der Finanzierung.

Wenn mehr Geld ausgegeben wird, als vorhanden ist, was tun?

Wenn mehr Geld als verfügbar ausgegeben wird, wird das als „über dem Verhältnis leben“ bezeichnet oder umgangssprachlich auch „auf großem Fuß“ genannt. Hierbei ist gemeint, dass ein Haushalt viel mehr Geld ausgibt, als ihm eigentlich zur Verfügung steht. Doch wie kann das sein, dass mehr Geld ausgegeben wird, als einem zur Verfügung steht?

Diese Frage ist nicht einfach zu beantworten und für organisierte Menschen noch schwieriger zu verstehen. Dieses „über dem Verhältnis“ kann verschiedene Stufen in Form eigenen Verschuldens über Betrug und Diebstahl bis hin zur Krankheit einnehmen. Daher kann ein großer Schuldenberg nicht pauschal bei jedem Menschen gleich behandelt werden. Krankhaftes Verhalten z. B. in Form von Sucht führt dazu, dass Menschen alles tun, um an ihren Wunsch zu gelangen.

Im Extremfall begeben sie sich in die Prostitution. Doch bleiben wir bei der gesunden Seite des Lebens, indem wir annehmen, dass eine Familie auf finanziell guten Beinen steht und sich einen Wunsch erfüllt und z. B. ein Auto oder ein Haus kauft. In diesem Fall gibt es die Möglichkeit, verschiedene Kredite aufzunehmen. Doch hierbei ist genauestens auf den Kreditvertrag zu achten und vor allem auf die Tragbarkeit. Mit Tragbarkeit ist gemeint, ob die Belastung durch einen Kredit möglich ist oder nicht. Gerade bei verschiedenen Kreditformen gilt es, sich genau zu informieren, welche Form am besten für einen geeignet ist.

In der Tabelle 3 finden Sie eine kleine Übersicht an gängigen Kreditformen. Diese Auflistung ist bei Weitem nicht vollständig, sie soll Ihnen einen kleinen Überblick geben. Weitere Kreditformen finden Sie z. B. in der Literatur: [4, S. 39 ff] oder auch im Internet. Es ist besonders wichtig, sich auf ein mögliches Vermittlungsgespräch für einen Kredit vorzubereiten, damit Sie dem Berater zum einen sagen können, was genau Sie wollen, und zum anderen, um auch dem Berater wichtige Fragen zu stellen. Außerdem können Sie sich mit fachlichen Fragen ein Bild von der Beratungskompetenz machen. Sollten Sie sich unsicher bei einer Beratung sein, machen Sie lieber zwei weitere Gespräche und suchen Sie nach dem Warum. Also: Warum ist jetzt der eine Anbieter um so vieles günstiger als der andere? Nur sehr selten sind die Verträge wirklich 1 zu 1 identisch, daher ist ein genaues Studium der Darlehensverträge bzw. Angebote immer notwendig. Denn Sie wollen sprichwörtlich nicht „die Katze im Sack kaufen“ und schlussendlich ist ein Kredit „eingekauftes“ Geld, denn für das geliehene Geld sind Sie verpflichtet, über einen bestimmten Zeitraum eine bestimmte Höhe an Zinsen zu bezahlen.

Genau diese Zinsen sind die Kosten, die Sie für das Ausleihen des Geldes bei einer Bank bezahlen müssen.

Tabelle 3: Einige Kreditformen beispielhaft aufgeführt und erläutert [1]

Kredit-form	**Erläuterung**	**Übliche Anwendung und Laufzeit**
Annuitä-ten-darle-hen	Es hat immer eine gleichbleibende Rate, eine Rate setzt sich dabei aus Tilgung und Zinsen zusammen.	Finanzierungen aller Arten, z. B. Auto, Haus Je nach Kredithöhe zwischen 10 und 30 Jahren
Baudarle-hen	Kann ein vergünstigter oder normaler Kredit sein.	Für Bauvorhaben 30 und mehr Jahre
Blankodar-lehen	Auch Konsumentenkredit genannt, wird ohne Sicherheiten ausgegeben.	Finanzierung von z. B. Geräten 1 bis 10 Jahre Dauer
Bauspar-darlehen	Besteht aus zwei Phasen: 1. die Ansparphase und 2. die	Kann zum Bauen und Renovieren angewendet werden.

	Kreditphase	Anspardauer 7 Jahre und Darlehensphase je nach Kredithöhe
Dispositionskredit	Überziehungskredit für das eigene Girokonto, i. d. R. teurer als „normale" Kreditformen	Beliebige Anwendung in beliebiger Dauer. Die Einrichtung erfolgt einmalig und kann einfach beansprucht werden.
Plus 3 Finanzierung	Beinhaltet drei Teile: Anzahlung, Abzahlung, festgelegte Schlussrate	Häufig als KFZ-Kredite angeboten; Je nach Kredithöhe: 5 bis 15 Jahre
Förderkredite	Geförderte Kredite z. B. durch die KFW- Bank	Modernisierungen, Neubauten, energetische Sanierung, Einbruchschutz, Smart Home, Barriere-Reduzierung, Gründung, Weiterbildung

Wie Sie sehen, gibt es viele Kreditformen. Den für Sie jeweils perfekt passenden Kredit auszusuchen und dann noch großartige Bedingungen auszuhandeln, ist nicht einfach. Doch, wenn Sie sich vorab informieren und aufpassen, nicht auf zwielichtige Berater hereinzufallen, steht Ihrem Traum nichts mehr im Wege.

Wichtig ist, dass Sie vor dem Entscheid Ihre Ausgangslage der Finanzen durchrechnen. Denn es ist wichtig, trotz Kredit weiterleben zu können, sich ab und zu einen Luxus zu leisten sowie Rücklagen zu bilden. Kein Kredit sollte Sie so belasten, dass Sie bei dem kleinsten Problem nicht wissen, wie und was Sie tun sollen. Deshalb gilt immer das Bauchgefühl. Hören Sie auf Ihr Bauchgefühl und überstürzen Sie nichts. Schlafen Sie lieber zwei oder drei Tage darüber. Jeder seriöse Berater wird Ihnen diese Zeit geben und Sie nicht zu einer Unterschrift drängen.

GELD SAMMELN UND VERSTAUEN

Seit eh und je sind Menschen Sammler. Früher wurde Essbares, dann Wertvolles und heute Geld und Erinnerungen gesammelt. Doch, warum ist es notwendig, Geld zu sammeln und auf die Seite zu legen? Welche Bedeutung hat Geld für uns Menschen und was kann in der heutigen Zeit mit Geld Sinnvolles angestellt werden? All dies erfahren Sie im folgenden Abschnitt.

Warum wollen wir möglichst einfach zu Geld kommen?

Oft ist zu hören: „Geld regiert die Welt". Leider ist dies in heutiger Zeit eine treffende Aussage. Viele Menschen sind heute nur noch auf Interessenbeziehungen aus. Das soll bedeuten, wenn sie von etwas keinen Nutzen haben, brauchen sie es nicht. Die andere Seite ist wieder, dass es viele Diebe und somit viele Möglichkeiten gibt, Menschen in der heutigen Zeit zu bestehlen. Das beliebteste Mittel, um z. B. einen Senioren zu bestehlen, ist die Enkeltrick-Masche. Hierbei geben sich Kriminelle als Enkel aus, um an das Vertrauen der Senioren und schließlich an ihr Vermögen zu kommen.

Wird dann nicht skeptisch hinterfragt, gelangen sie schnell in Situationen, die sie nicht mehr überblicken können. Doch warum ist das so?

Zum einen beruhigt es viele Menschen, auf einem möglichst hohen Kapital zu sitzen. Das gibt ihnen eine Art Sicherheit, für schwierige Zeiten gewappnet zu sein. Auf der anderen Seite glauben gerade Senioren an das Gute in den Menschen, schließlich hat man niemandem etwas getan, warum soll einem etwas Negatives zustoßen? Doch leider ist in heutiger Zeit die Mode aufgekommen, nicht zu arbeiten, sondern das „einfache Geld zu machen", indem solche Tricks ausgedacht werden. Dabei werden diese Leute immer raffinierter und überlegen sich immer neue Methoden, um an fremdes Kapital zu gelangen.

Gerade im Internet bestehen viele Fallen durch falsche Werbungen und falsche Internetseiten, auf denen nur das Ziel besteht, Geld zu kassieren für nichts. Hier hilft nur eines: Aufmerksamkeit und Prävention. Ersteres geschieht durch genaues Beobachten der Internetseiten. Letzteres wird durch Absicherung der Konten realisiert, indem z. B. Limits auf Konten und Kreditkarten eingerichtet werden. Dadurch werden die Zugänge abgesichert, dass kein Dritter Zugang hat. Hierbei ist weiter zu beachten, dass wirklich keinem die eigenen Zugänge verraten werden, auch den eigenen Kindern und Enkeln nicht und schon gar nicht fremden Menschen, am Telefon oder an der Haustür. Aussagen wie „von der Bank", „von der Polizei", „Geld absichern" oder „Geld verwahren" sollten immer Stichworte sein, auf die Sie Ihre Verwandtschaft trainieren sollten. Dabei sollte immer so vorgegangen werden, dass die betreffenden Personen nicht abgewimmelt werden, aber auch keine Zusage erhalten. Nach dem Auflegen werden unter der korrekten, bekannten Nummer die betreffende Person kontaktiert und Rücksprache gehalten.

Es ist somit ratsam, mit Senioren, z. B. der Oma, dem Opa, feste Termine auszumachen, an denen persönlich mit ihnen gesprochen wird. Außerdem sollte ihnen immer das Gefühl der Zugehörigkeit geschenkt werden, damit sie sich nicht allein und verlassen fühlen. Denn dieses Gefühl des Allein- und Verlassen-Seins bewegt sie dazu, bei überraschendem Kontakt die Personen „zu belohnen". Dies ist zwar gut gemeint, allerdings häufig mit erheblichen Konsequenzen verbunden.

Horten von Geld, ist das sinnvoll?

Wie bereits beschrieben, sind viele der Meinung, besonders viel Geld auf der Seite zu haben, ist wichtig und notwendig. Doch in der heutigen Zeit ist dies ein großer Trugschluss. Wobei wiederum auf der anderen Seite das Geld auszugeben auch nicht sinnvoller erscheint. Daher ist es sehr schwierig, in Zeiten von extremen Niedrigzinsen eine sinnvolle Antwort auf diese Frage zu geben. Klar ist es ratsam, Geld aus verschiedenen Gründen auf der Seite zu haben, das wurde bereits beschrieben.

Allerdings ist es nicht ratsam, das komplette Vermögen auf einer Stelle z. B. auf einem Sparbuch zu horten. Denn bei Guthabenzinsen von 0,01 % oder sogar noch weniger verbrennt das Geld durch die Inflation. Das bedeutet, dass Sie sich für das gleiche Geld in einigen Jahren weniger kaufen können als z. B. heute.

Daher ist es ratsam, Geld in verschiedene Anlageinstrumente zu investieren und so mit dem Geld „zu arbeiten", lesen Sie hierzu mehr im Kapitel „Geld anlegen" in diesem Buch. Das Horten von Geld in sogenannte Altverträgen ist zwar denkbar, allerdings werden häufig Verträge mit hohen Zinsansprüchen durch die Banken gekündigt. Dies geschieht vor allem dann, wenn die Verträge bereits ausgelaufen bzw. als zuteilungsreif angesehen werden und gestundet sind. Eine Stundung bedeutet, dass Verträge mit dem Guthaben auf der Bank bestehen bleiben, ohne dass es bezogen oder weiter einbezahlt wird. Da das Geld auf der Bank diese mit hohen Zinsen sehr viel kostet.

Was bedeutet es, Geld zu sammeln und zu verstauen?

Die Bedeutung von Geldsammlung kann von Menschen zu Menschen sehr unterschiedlich sein. Die einen brauchen viel Geld auf der Seite, um nicht in Angstzustände zu verfallen, die anderen brauchen es nicht, sondern wollen einen einfachen „Notgroschen" auf der Seite haben. Allerdings können diese Menschen das angesparte Geld problemlos einsetzen, wobei die anderen das Geld nicht einsetzen können, weil sie Angst und Panik bekommen.

Daher kann das Sammeln von Geld oder wertvollen Gütern regelrecht zu einer Art Sucht werden. Geld zu sammeln und zurückzustellen, ist jedoch nicht immer krankhaft, sondern durchaus sinnvoll und auch notwendig. Rückstellungen werden benötigt, damit in bestimmten

Situationen möglichst einfach und schnell reagiert werden kann. Denn es gibt bestimmte finanzielle Situationen, die nicht einfach so überwindbar sind. Hierzu gehören größere Anschaffungen, wie z. B. eine neue Küche, neue Möbel, neue Waschmaschine, neue Heizung, Reparaturen am und im Haus bzw. in der Wohnung, Reparaturen am Auto. Hierbei können die Kosten buchstäblich explodieren. Aus diesem Grund ist es wichtig, einen Vorrat an Geld auf der Seite zu haben, damit nicht für jede Kleinigkeit ein Konsumentenkredit benötigt wird.

Wer sich schon in den jungen Jahren seines Lebens Gedanken um die Rente bzw. Pension macht, wird sehr schnell feststellen, dass die Bezüge nach der Arbeit in der Rente fast halbiert werden. Diese Tatsache macht es notwendig, eine private Vorsorge zu etablieren. Dies kann z. B. im Rahmen einer eigenen Wohnung oder eines eigenen Hauses sein. Denn wenn das Haus oder die Wohnung einmal abbezahlt wurde, fallen nur noch laufende Kosten und Reparaturen an, monatliche Zahlungen entfallen. Aber auch die Möglichkeit einer kapitalen Rentenversicherung besteht. In diese wird vertraglich so lange einbezahlt, bis das entsprechende Geld oder die entsprechende monatliche Leistung, die zuvor festgelegt wurde, erreicht ist. Häufig ist das so, dass diese Verträge lebenslang einbezahlt werden, jedoch mit einer niedrigen Rate.

Was kann sonst mit Geld Sinnvolles „angestellt“ werden?

Hier gilt es, erst den Begriff „sinnvoll“ zu definieren. Was für den einen Menschen als sinnvoll erscheint, ist für andere Menschen wiederum völlig empörend. Dieses Muster ist jedoch normal, da die Entscheidung über Sinnhaftigkeit und Sinnlosigkeit durch eine Vielzahl an Faktoren gemessen wird. Diese sind z. B. die eigene Bildung, die Erziehung, wo und wie die Menschen aufgewachsen sind usw. Daher liegt es nahe, dass die Sinnhaftigkeit einer Entscheidung einer nicht so gebildeten Person von einer höher gebildeten Person als sinnlos erachtet wird. Dies geschieht dadurch, dass die gebildete Person viel mehr Informationen und Zugang zu sonstigen Einflussfaktoren hat, die den Blickwinkel aus einer völlig anderen Richtung kommen lassen.

Aus diesem Grund ist die Sinnhaftigkeit nur schwer zu pauschalisieren. Zum einen können Sie, wenn Sie ein Haus oder eine Wohnung haben, in diese investieren, also modernisieren und renovieren. Außerdem besteht die Möglichkeit, Immobilien zu vermieten. Sonst bestehen weitere Möglichkeiten, z. B. Anteile an einem Unternehmen zu erwerben, z. B. in Form von Anteilsscheinen oder Aktien, aber auch „der Einkauf" in Form zur Verfügungsstellung von Geld.

Außerdem ist es empfehlenswert, die Erbschaftsfolge zu klären, solange ein Mensch bei guter Gesundheit sowie im Vollbesitz seiner geistigen Kräfte ist. Denn gerade bei großen Familien und großem Erbe können sich schnell Streitigkeiten entwickeln, die nicht selten vor Gericht landen. Dem kann vorbeugend entgegengewirkt werden, indem der Wille in einem Testament erklärt wird. So gibt es keine Streitigkeiten und die Erbschaftsfolge ist geklärt.

Hierbei geht es nicht nur um das Geld, sondern um den ganzen Besitz, also Geld, Wertpapiere, Immobilien usw., denn die Erbschaft beinhaltet nicht nur Guthaben, sondern auch Schulden. Wenn ein Mensch verstirbt, aus welchen Gründen auch immer, hinterlässt dieser seiner Familie ein Erbe, dies kann ein positives Erbe, also ein Guthaben, oder ein negatives Erbe, also Schulden, sein. Um Schulden wird sich keiner streiten, das ist klar, diese können auch in Form einer Erklärung, also dem Ausschlagen der Erbschaft, verweigert werden.

GELD ANLEGEN UND INVESTIEREN

Häufig wird umgangssprachlich von Geld anlegen bzw. von Investitionen gesprochen. Dabei ist häufig entweder das Ausgeben von Geld oder die Vorsorge für das Alter gemeint. Außerdem wird häufig von „investieren“ bei teuren Gütern bzw. bei lang ersehnten Wünschen gesprochen. Dabei stammen beide Begriffe vom Finanzsektor und haben zwar mit dem Umgangssprachlichen einiges gemeinsam, jedoch nicht wortwörtlich. In den nachfolgenden Zeilen erfahren Sie somit, was mit einer Anlage von Geldern gemeint ist und welche Formen es gibt sowie für wen welche Formen auf dem Markt bestehen.

Was bedeutet „Anlage“ von Geldern?

Wenn von Geldanlage gesprochen wird, ist häufig damit gemeint, dass ein bestimmter Teil eines Vermögens in eine bestimmte Form z. B. Immobilien, Wertpapieren oder sonstigen Anlageformen ausgegeben wird. Das ist so weit auch korrekt, denn das bloße Ablegen von Geld oder Vermögen auf einem Sparbuch ist in der heutigen Niedrigzinsphase nicht mehr lohnend; im Gegenteil, viele Banken berechnen bereits Negativzinsen. Das bedeutet, dass fleißige Sparer für ihr Geld auf der Bank noch bezahlen müssen. Aus diesem Grund ist es empfehlenswert, Geld in bestimmten Formen von Wertpapieren sowie für Immobilien, aber auch z. B. für Edelmetalle auszugeben.

Doch, warum ist das so? Wenn eine Niedrigzinsphase, wie derzeit, besteht, fallen die Zinserträge (Guthabenzins) auf Bausparverträgen, Sparbücher sowie beim Wachstumssparen buchstäblich in den Keller. Dafür sind Kredite besonders günstig, da deren Zinsen ebenfalls rapide sinken. Aus diesem Grund benötigen Sparer eine andere Form der Geldanlage, die zumindest ein wenig lukrativer ist, als nichts zu bekommen oder sogar noch dazu zu bezahlen. Die Tabelle 4 zeigt Anlageformen und deren Verlust- und Gewinnpotenziale auf.

Tabelle 4: Anlegerpyramide tabellarisch dargestellt mit Anlageformen [5, S. 17]

Anlegerpyramide	
Anlageformen	**Potenziale**
• Risikokapital • Hedgefonds • Investition mit innovativem Charakter • Geschlossene Immobilienfonds • Abschreibungs- und Rohstoffgesellschaften • Futures • Optionsgeschäfte • Spekulative Aktien	Großes Gewinnpotenzial Großes Verlustpotenzial
• Standardaktien • Immobilien • Gold, andere Edelmetalle • Währungsanleihen • Aktienfonds	Begrenztes Gewinnpotenzial Begrenztes Verlustpotenzial
• Festverzinsliche Wertpapiere inländischer Emittenten • Offene Immobilienfonds • Rentenfonds • Sach- und Lebensversicherungen • Bausparen • Einlagen auf Konten (einlagengesichert)	Niedriges Gewinnpotenzial Niedriges Verlustpotenzial

Wie Sie der Tabelle 4 entnehmen können, gibt es eine Vielzahl an Anlageformen mit sehr unterschiedlichen Gewinn- und Verlustpotenzialen. Zusammenfassend lässt sich jedoch sagen, dass je höher das Gewinnpotenzial ist, das Verlustrisiko ebenfalls steigt. Hierbei sollten Sie immer so vorgehen, dass Sie Ihr Vermögen nicht gänzlich „hineinbuttern“, sondern immer nur so viel Geld in eine risikoreichere Anlageform investieren, wie Sie auch verlieren können.

Außerdem sollten Sie sich niemals auf vergangene Zahlen und Prognosen verlassen. Denn diese sind Richtwerte und keine Garantiewerte. Des Weiteren sollten Sie auch nie bei einem möglichen Gewinn „große Augen“ bekommen und anschließend noch mehr anlegen. Das könnte der Totalverlust sein und somit Ihre Existenz gefährden. Daher hier ein gut gemeinter Ratschlag: Bleiben Sie bodenständig, verlassen Sie sich nicht auf Aussagen anderer, hören Sie auf Ihr Gefühl und überstürzen Sie nichts. Denken Sie immer an Ihre Familie und an Ihre Existenz.

Welche Formen der Anlage von Geldern bestehen?

In der Tabelle 4 sind einige Anlageformen mit deren Verlust- und Gewinnpotenzialen aufgezeigt, im Wesentlichen sind dies folgende Anlageformen:

- Risiko- und Einlagenkapital sowie Bauspar- und Sparverträge
- Aktien-, Immobilien-, Renten- und Hedgefonds
- Abschreibungs- und Rohstoffgesellschaften
- Futures und Optionsgeschäfte
- Standard- und Risikoaktien
- Sach- und Lebensversicherungen
- Immobilien und Unternehmen
- Rohstoffe und Währungen.

Diese und andere Anlageformen sind auf dem Weltmarkt mit verschiedenen Hebeln und verschiedenen Möglichkeiten handelbar. Der Handel mit diesen Anlageformen bedarf eines Brokers entweder bei einer Bank oder einem speziellen Unternehmen, das sich auf die Abwicklung von

Handel spezialisiert hat. Hierbei kann der Händler die Ware an- und verkaufen. Je nach Erfahrung und ggf. Freischaltung im Konto kann der Händler mehr oder weniger handeln. Auch verschiedene Anlageformen können so für einzelne Händler gesteuert werden.

Sind alle Formen der Anlage für jeden Menschen geeignet?

Bei dieser Frage ist ein klares Nein die einfache Antwort, denn der Handel mit verschiedenen Anlageformen erfordert einiges an Wissen und Erfahrung. Es wurde bereits beschrieben, dass zum einen die Geldmittel vorhanden sind und zum anderen die Erfahrungen. Ebenfalls wichtig für die Einstufung ist, dass die Händler kein Suchtverhalten aufzeigen. Verschiedene Limits sollen übermäßiges Ausgeben von Geld und überhöhte Risikobereitschaft zügeln. Damit soll sichergestellt werden, dass die Händler zum einen nicht in eine Art Rausch verfallen und zum anderen den Schutz für die Konten gewährleisten, damit im Falle einer unrechtmäßigen Übernahme des Kontos der Schaden weitestgehend begrenzt werden kann.

Die Tabelle 4 zeigt verschiedene Anlageformen: In der „untersten" Kategorie, der sichersten Anlageform, kann pauschal gesagt werden, dass diese Formen für jedermann sind. Diese können von Kindern bzw. Jugendlichen mit Zustimmung ihrer Eltern bis hin zu Arbeitnehmern, die ihr Geld nicht auf dem Konto lagern wollen, angewendet werden. Hierbei sind sehr wenige bis keine Risiken zu befürchten, allerdings sind auch wenige bis keine Erträge zu erwarten. In der mittleren Stufe können sich Interessenten, die sich mit den verschiedenen Anlageprodukten auseinandersetzen und auch ggf. vom Arbeitgeber erhalten, z. B. Aktien, befassen.

Allerdings muss hier jedem ein möglicher Totalverlust immer im Blick sein. Im oberen Segment, dem hohen Risiko, sollten sich nur professionelle Händler befinden, die genau wissen, was sie tun, und auch den Markt entsprechend beobachten. Nur durch genaue Marktbeobachtung und entsprechende Erfahrungen lassen sich im obersten Segment Verluste weitestgehend vermeiden bzw. rechtzeitig mit wenigen Verlusten vom Handel zurücknehmen.

Was bedeutet der Begriff der Investition?

Mit dem Investieren von Geld ist häufig das Ausgeben von Geld gemeint. Mit dem Begriff der Investition ist die langfristige Bindung von finanziellen Mitteln in materielle oder finanzielle Mittel gemeint [2, S. 1806]. Hierbei werden finanzielle Mittel, also Geld, in materielle Mittel wie z. B. Immobilien, Autos usw. oder in finanzielle Mittel, also in Bausparverträge, Aktien, Fonds usw., ausgegeben. Dabei gibt es auch verschiedene Formen von Investitionen.

Die wesentlichen sind kurz-, mittel- und langfristig. In der Tabelle 5 sind mögliche finanzielle und materielle Investitionen auf Basis der Dauer gegenübergestellt.

Tabelle 5: Beispielhafte Investitionen auf Basis der Dauer [1]

Dauer	Finanziell	Materiell
Kurzfristig: bis 1 Jahr	Konten, Sparverträge	Gegenstände für den Alltag, „normales" Einkaufen
Mittelfristig: zwischen 1 Jahr und 3 Jahre	Versicherungen, Fonds	Renovierungen, Haushaltsgeräte
Langfristig: länger als 3 Jahre	Bausparen, Aktien, Rentenversicherungen, Lebensversicherungen	Immobilien, Auto, Motorrad

Hier sehen Sie beispielhaft einige Formen von Investitionen, die für jedermann denkbar sind. Allerdings sollten Sie sich immer vor einer Investition im Klaren sein, dass Ihre wirtschaftliche Lage die bevorstehende Investition verkraftet und Sie noch genügend „Luft“ haben, damit Sie sich auch etwas Luxus und auch andere Dinge leisten können und nicht das komplette Geld, das Ihnen monatlich zur Verfügung steht, komplett verplant wird.

Welche Bedingungen bestehen, damit investiert werden kann?

Das sogenannte „magische Viereck“ bietet eine zentrale Bedeutung für die Bedingungen zur Investition. Dieses magische Viereck zeigt an vier Ecken jeweils die Rentabilität, die Sicherheit, die Liquidität sowie die Steueroptimierung auf [5, S. 2].

Das erste Kriterium der Rentabilität beschreibt die Bedingung einer Investition in der Sicht, dass die Investition sich rentieren sollte, also Gewinn bringt. Dies geschieht dadurch, dass Erträge eingenommen werden z. B.:

- durch Zinsen
- variable Dividenden
- Kurs- und Veräußerungsgewinne
- staatliche Zuwendungen in Form von Steuererleichterung oder Zuschüssen.

Bei dem zweiten Kriterium wird die Sicherheit angegeben, hierbei gilt – wie bereits beschrieben – zum einen Ihre eigene Risikobereitschaft zur Investition sowie die Risiken der Unternehmen bzw. des Marktes, in den investiert wird. Grundsätzlich gilt jedoch immer, dass Sie Ihr Geld immer in vertrauensvolle und erstklassige Unternehmen investieren sollten.

Zwielichtige Geschäfte und unseriöse Beratungen sollten grundsätzlich von privaten und geschäftlichen Händlern vermieden werden. Die

Liquidität ist das dritte Kriterium und bedeutet, wann und in welchem Umfang Sie an das investierte Geld herankommen, wenn Sie es für irgendetwas brauchen. Als Beispiel können Sie einen Sparvertrag schnell kündigen und haben je nach Vertrag in ca. einem bis drei Monaten das Geld ausbezahlt. Eine Immobilie lässt sich nicht so schnell verkaufen und „zu Geld machen". Außerdem kann bei gewissen Verträgen und Laufzeiten sowie Formen eine sogenannte Renditeeinbuße erfolgen oder eine Art „Strafe" verhängt werden.

Auch ausbezahlte Zuschüsse oder Steuerermäßi-gungen werden durch das Finanzamt zurückgefordert, wenn z. B. ein Riestervertrag vorzeitig gekündigt und das Geld abgehoben wird. Die Tabelle 6 zeigt Ihnen verschiedene Anlageformen in fünf verschiedenen Liquiditätsstufen auf und informiert Sie so, wie schnell Sie an Ihr investiertes Geld herankommen. Bitte beachten Sie, dass diese Tabelle nur als Richtwert gilt. Es kann sein, dass Sie je nach vertraglicher Abmachung früher bzw. später an Ihr Geld herankommen können oder es auch erst später erhalten. Bitte prüfen Sie im Zweifel Ihren Vertrag.

Tabelle 6: Anlageformen nach Liquiditätsstufe gestaffelt [5, S. 4]

Liquiditätsstufe	Anlageform
1 (hohe Liquidität)	• Bargeld • Tagesgeld • Laufendes Konto (Kontokorrent) • Termineinlagen (Festgeldanlagen) • Kurzfristige, zinsvariable Anleihen • Spareinlagen mit Kündigungsfrist von drei Monaten • Bundesschatzbriefe • Geldmarktfonds
2	• Investmentfonds mit / ohne Ausgabeaufschlag • Aktien

	• Optionen • Spareinlagen mit Kündigungsfrist zwischen 6 und 12 Monaten • Festverzinsliche Wertpapiere
3	• Offene Immobilienfonds • Edelmetalle • Sparbriefe • Spareinlagen mit Kündigungsfrist zwischen 24 und 48 Monate
4	• Kapitallebensversicherungen • Nicht verbriefte Beteiligungen • Immobilien
5 (niedrige Liquidität)	• Geschlossene Immobilienfonds • Steuerbegünstigte, längerfristige Anlagen • Antiquitäten • Andere langfristige Wertanlagen

Das letzte Kriterium ist die Steuerlast. Ein Ziel vieler Anlageformen ist die Vorsorge für das Alter oder der Aufbau von Vermögensverhältnissen. Daher kann häufig die Steuerlast reduziert werden, indem bestimmte Anlageformen in der jährlichen Steuererklärung erfasst und z. B. bei Immobilien sogenannte Werbungskosten angegeben werden. Dies „drückt" die Steuerschuld gegenüber dem Finanzamt, das bedeutet, dass in der Steuerabrechnung (im Rahmen der Einkommenssteuererklärung) die getätigten Ausgaben und staatliche Zuschüsse.

Besteht eine Absicherung gegen einen Verlust der Investition?

Bei einer Investition ist so gut wie nie eine 100-prozentige Garantie gegen Verlust vorhanden. Sie können jedoch so weit selbst für die eigene Absicherung sorgen. Dies machen Sie, indem Sie zum einen eine

Vermögensbilanz aufstellen.

Dadurch wird eine Aufstellung der verfügbaren Mittel erstellt. Diese zeigt Ihnen Ihre Möglichkeiten und Grenzen auf. Dabei sollten Sie Ihr komplettes Vermögen aufstellen. Hierzu gehören sämtliche finanziellen und materiellen Gegenstände. Dies verhilft Ihnen bei der Berechnung des Vermögens und der laufenden Zahlungen sowie evtl. vorhandener Schulden. Denn die laufenden Kosten sowie die Abzahlung sämtlicher Schulden sollten nie über den laufenden Einkommen liegen. Denn bei dauerhafter Überlast werden Sie auf lange Frist gesehen zahlungsunfähig, da Ihre monatlichen Mittel nicht ausreichend sind und dadurch immer wieder neues Kapital z. B. durch Kredite oder durch Erspartes nachgeschossen werden müssen. Die persönlichen Ziele und die eigene Mentalität gehören ebenso zu der Absicherung hinzu, da die Ziele einen Menschen im Leben leiten können und so die Entscheidungen beeinflussen können. Eine weitere Sicherheit bietet Ihnen das breite Streuen Ihres Vermögens. Das bedeutet, dass Sie nicht nur in eine Sache z. B. materiell oder finanziell investieren, sondern viele Möglichkeiten in Anspruch nehmen und so viele Vorteile für sich gewinnen.

Dadurch wird das Risiko eines Totalverlustes minimiert und die Sicherheit gleichzeitig erhöht. Allerdings ist hier das Problem, über alle Investitionsmodelle informiert zu bleiben und alles im Blick zu behalten. Denn bei einem möglichen Verlust sollten Sie diesen immer frühzeitig erkennen und entsprechend handeln. Hierzu gibt es verschiedene Techniken, um Verluste oder Gewinne zu begrenzen. Die sogenannte „Stop Loss“-Funktion kann bei vielen Brokern eingestellt werden. Hier wird z. B. definiert, wie weit Sie das Risiko eines Verlustes verkraften können.

Beispiel: Sie investieren in Aktien, indem Sie 100 Stück zu je 15 € kaufen. Das macht eine Summe von 1.500 € ohne einkalkulierte Gebühren für den ausgeführten Handel. Da Sie nicht zu 100 % sicher sind, ob die Aktien steigen werden, erstellen Sie einen „Stop Loss“ bei 5 €. Das bedeutet, dass, wenn der Kurs um 5 € sinkt, die Aktien automatisch verkauft werden.

Nehmen wir an, dass der Kurs der Aktie auf 21 € steigt und daraufhin wieder sinkt. Solange der Kurs nicht um 5 € sinkt, werden die Schwankungen nicht berücksichtigt. Wenn jedoch der Kurs auf unter 16 € sinkt, werden die Aktien automatisch verkauft. Idealerweise wird ein „Stop Loss" so eingestellt, dass ein Gewinn entsteht, das bedeutet, dass die anfallenden Gebühren beim An- und Verkauf bereits inkludiert sind. Wenn angenommen wird, dass der An- und Verkauf jeweils 20 € kostet, dann würde die Gesamtinvestition gemäß Formel 1 genau 1540 € betragen.

Formel 1: Berechnung Gesamtinvestition

$$Anzahl \times Preis + Kosten\ Kauf + Kosten\ Verkauf = Gesamtinvestition$$

Aufgeteilt auf 100 Aktien sollte somit der Preis einer Aktie nicht unter 15,40 € fallen, damit eine Null herauskommt. Damit ein kleiner Gewinn entspringt, kann der „Stop Loss" auf 16 € eingestellt werden, damit wären 60 € Gewinn erzielt.

Das Gegenstück zum „Stop Loss" heißt „Stop Win". Das Prinzip ist identisch, nur dass der Gewinn hiermit begrenzt wird. Dies kann z. B. aus steuerlichen Gründen eingerichtet werden, damit der Gewinn nicht übermäßig ansteigt und dadurch eine hohe Steuerlast anfällt.

Weitere Absicherung bieten z. B. bei Krediten das Festschreiben der Zinsen im Rahmen einer Niedrigzinsphase. Dabei ist der Zins für die Vertragslaufzeit für beide Seiten gebunden. In Hochzinsphasen werden Zinsen so festgeschrieben, dass sie z. B. im Rahmen von Wachstumssparen oder Bausparen vertraglich gesichert sind. Doch die Erfahrung in der laufenden „Dürrezeit“ zeigt, dass sich Banken aufgrund von Kostenproblemen aus solchen Verträgen „herauswinden“ können. Im Zweifel sollten Sie auch hier einen Fachmann zurate ziehen und nicht einfach auf die Stimme des Bankberaters hören, besonders dann, wenn es um viel Geld geht.

STEUERSCHULD BEI DER ANLAGE VON GELDERN

Im letzten Kapitel war häufig von „Steuerschuld“ im Rahmen der Geldanlage bzw. der Investition die Rede. Doch was bedeutet es, eine Steuerschuld zu haben, und ist das eigene, eingesparte Geld wirklich steuerpflichtig?

Schließlich wurde bereits darauf Lohnsteuer entrichtet. Leider ist es häufig so, dass der Staat viel und oft zur Kasse bittet. In diesem Kapitel erfahren Sie mögliche Arten von Steuern, die Möglichkeiten zur Steuerreduktion sowie mögliche Tricks, um Steuerfallen zu umgehen.

Bitte beachten Sie bei diesem Kapitel, dass das Kapitel weder durch einen Steuerexperten erstellt noch geprüft wurde. Außerdem ist die Hinterziehung von Steuergeldern eine Straftat.

Dieses Kapitel soll weder zu einer Straftat hinleiten noch dazu anregen. Es soll jedoch aufzeigen, wie durch vollkommen legale Wege die Steuerlast im Rahmen privater Möglichkeiten gesenkt werden kann.

Was ist eine Steuerschuld und welche Steuerarten gibt es?

Der Fiskus bittet sehr oft zur Kasse, immer dort, wo es möglich ist und wo Sie es häufig nicht erwarten würden, dass es dort eine Steuer gibt. Die Tabelle 7 zeigt Ihnen einen Auszug an häufig bekannten und unbekannten Steuerarten auf. Dabei ist zu beachten, dass Ihnen je nach Bildung und Umfeld mehr bzw. weniger Steuerarten bekannt sind und die Tabelle 7 somit subjektiv als richtig bzw. als falsch erachtet werden kann, da sie auf der Erfahrung des Autors beruhen.

Tabelle 7: Mögliche bekannte und unbekannte Steuerarten (Auszug) [1]

Häufig bekannte Steuer	Häufig unbekannte Steuer
• Einkommenssteuer • Lohnsteuer • Kirchensteuer • Solidaritätszuschlag • Hundesteuer • Mehrwertsteuer • Grundsteuer • Kapitalertragssteuer • Versicherungssteuer • Tabaksteuer • Zoll • ...	• Rentensteuer • Jagdsteuer • Vergnügungssteuer • Rennwett- und Lotteriesteuer • Spielbankabgabe • Schankerlaubnissteuer • Kapitalverkehrssteuer • Finanztransaktionssteuer • Feuerschutzsteuer • Erbschaftssteuer • Schenkungssteuer • Spekulationssteuer • Kaffeesteuer • Mineralölsteuer • Luxussteuer • Getränkesteuer • Alcopopsteuer • Branntweinsteuer • ...

Immer dort, wo der Fiskus zur Kasse bittet, entsteht eine Schuld gegenüber dem Fiskus diese Steuern auch abzuführen. Ein sehr gutes Beispiel ist die Lohnsteuer oder die Mehrwertsteuer. Jeder Arbeitnehmer ist verpflichtet, Lohnsteuer zu entrichten. Allerdings ist der Arbeitgeber verpflichtet, die Lohnsteuer direkt vom Lohn abzuziehen und abzuführen. Im Rahmen der Einkommenssteuererklärung einmal im Jahr werden die Steuern abgerechnet. Hierzu können die Arbeitnehmer verpflichtet sein, z. B. wenn Sie als Vermieter tätig sind.

Welche Möglichkeiten bestehen zur Reduktion der Steuerschuld?
Es gibt einige Möglichkeiten, Steuern einzusparen. In diesem Rahmen hier wird die Steuereinsparung im legalen Rahmen betrachtet und es werden nachfolgend einige Beispiele genannt. Als Sparer wird Ihnen im Rahmen von Zinseinkünften die Kapitalertragssteuer berechnet. Mit einem Freistellungsauftrag sparen Sie sich diese Steuer bis zum Freibetrag auf. Erst nach dem Freibetrag wird wieder diese Steuer fällig.
Im Rahmen der Lohnsteuer können diverse Werbungskosten angegeben werden. Dabei hat dies nichts mit „Werbung" im eigentlichen Sinne zu tun. Gemeint sind Kosten, die im Rahmen von Berufsauslagen entstehen und nicht durch andere Parteien z. B. Arbeitgeber oder Kunde übernommen werden. Das können sein: Bewerbungskosten, Berufskleidung, Weiterbildung, doppelte Haushaltsführung, Kilometergeld, usw.

Insofern Sie vermieten, können Sie sämtliche Aufwände, die im Rahmen der vermieteten Immobilie auftreten, z. B. nicht umlagefähige Kosten (der Verwaltung), Kreditzinsen, Reparaturen usw., von der Steuer absetzen.

Mit dem Begriff „von der Steuer absetzen" ist gemeint, dass Kosten im Rahmen der Einkommenssteuererklärung aufgezeigt werden. Der Finanzbeamte entscheidet auf Grundlage von Gesetzen, ob und in welcher Höhe die angegebenen Kosten abziehbar sind. Hierbei ist häufig die Denkweise so, dass die erklärten Kosten direkt von den Steuern abgezogen werden. Dabei ist dies ein Irrtum.

Bei der Steuerberechnung wird wie folgt vorgegangen:

- Als Erstes werden die Einkünfte ermittelt.
- Werbungskosten werden von den Einkünften abgezogen.
- Der jeweilige Freibetrag, der gesetzlich zusteht, wird abgezogen.
- Daraus entsteht die Steuerschuld.

Das Einkommen wird durch die Werbungskosten gemindert, denn je kleiner das Einkommen, desto weiter „rutscht man" in der Steuertabelle nach unten. Je weiter die Summe des Einkommens in der Steuertabelle unten ist, desto weniger Steuer ist zu entrichten.

In dieser Rubrik gibt es viele weitere Beispiele, allerdings wird an dieser Stelle von weiteren Beispielen abgesehen. Es wird an dieser Stelle auf die weiterführende Literatur im Anhang verwiesen: [6, Kap. 8 Nichts dem Finanzamt schenken – Steuervorteile kennen und nutzen].

Besteht die Möglichkeit zu tricksen?
Bei nahezu allen Formen von Gesetzen, Regelungen und Vorschriften bestehen Möglichkeiten, um zu tricksen. Auch hier bewegen wir uns im Rahmen legaler Möglichkeiten.

Beim Sparen von Steuern ist häufig gute Information z. B. in einschlägiger Literatur oder im Internet aber auch in Programmen, die das Einsparen von Steuern versprechen. Denn vieles basiert im Rahmen der Steuererklärung einfach auf Wissen. Welcher Betrag kann abgesetzt werden und welcher Betrag kommt in welche Zeile in der Steuererklärung?

Beispielsweise wissen viele Vermieter nichts von der Spekulationssteuer. Diese Steuerpflicht besagt: Wenn ein Eigentümer eine Immobilie besitzt, diese jedoch vermietet und vor 10 Jahren verkaufte, eine Spekulationssteuer fällig wird. Natürlich wird die Steuer nicht auf die Verkaufssumme angewendet, sondern auf den Gewinn minus Kaufs- und Verkaufsnebenkosten.

Diese sind z. B.

- Notarkosten
- Grundbuchkosten

- Verwaltungskosten durch die Notare
- Maklerkosten
- Kosten der Bank z. B. Vorfälligkeitsgebühr.

Des Weiteren besteht die Möglichkeit, diverse Kosten im Rahmen des Arbeitsverhältnisses z. B. Mobilfunkrechnung und Kontoführung, aber auch Kilometergeld und die doppelte Haushaltsführung abzusetzen. Hierzu gibt es viele Gerichtsurteile, die verschiedene Absetzbarkeiten bestätigen bzw. widerlegen. Daher lohnt es sich, die Kontoauszüge zu prüfen und im Internet zu suchen. Sollte etwas Dahingehendes gefunden werden, empfiehlt es sich, in der Steuererklärung das Urteil direkt aufzunehmen, damit der Finanzbeamte dies gleich überprüfen kann und es erst gar nicht zu einer Streitigkeit kommt. Sollte das Urteil nicht anwendbar sein, so ist der Finanzbeamte verpflichtet, eine Erklärung abzugeben, die anschließend z. B. durch einen Fachanwalt geprüft werden kann.

Eine pauschale Aussage über die Anwendbarkeit und die Erstellung von Steuererklärungen lässt sich nicht sagen, da dies immer individuell ist. Allerdings empfiehlt es sich, die Steuer jedes Jahr neu zu berechnen.

In der heutigen Zeit mit der kostenlosen Software vom Bundesfinanzministerium lässt sich die voraussichtliche Steuerschuld bzw. das Guthaben ermitteln und so zu einer entsprechenden Entscheidung leichter finden. Durch viele Erleichterungen z. B. papierlose Übermittlung der Steuererklärung und eine sehr einfache Übernahme aus dem Vorjahr sowie die vorausgefüllte Steuererklärung können Sie diese in wenigen Stunden einfach selbst erstellen. Eine Prüfung erfolgt direkt online auf Fehler [7].

Entscheidungen in Prozessform

Viele Menschen erleben das eigene Leben als eine Art Linie. Dies ist allerdings ein großer Trugschluss, da das Leben eines jeden Menschen ähnlich wie ein Baum viele Gabelungen und Äste in alle Richtungen hat. Dies liegt daran, dass die täglichen Entscheidungen, die jeder einzelne Mensch auf der Welt trifft, ein neuer Weg sind, den dieser Mensch beschreitet. Jeder neue Weg basiert auf den bis dahin getroffenen Entscheidungen und gemachten Erfahrungen.

Daher ist es besonders bei wichtigen Entscheidungen sinnvoll, einen angemessenen Entscheidungsprozess zu entwickeln. Dabei ist es nicht relevant, ob es sich um Entscheidungen im privaten und beruflichen Umfeld handelt. Dieser Prozess sollte immer so aufgebaut sein, dass er universell zur Anwendung kommen kann.

In diesem Kapitel erfahren Sie daher, wie Sie Entscheidungen treffen können, welche Modelle an Entscheidungen bestehen und wie Entscheidungen in Zeiten von Unsicherheit getroffen werden können. Im Rahmen von Projekt-, Wissens- und Prozessmanagement werden Techniken zur Entscheidungsfindung und Projektabwicklung aufgezeigt. Zur Abrundung des Kapitels werden die Themen Lebenszyklus und Risiko behandelt und ausführlich erklärt.

TREFFEN VON ENTSCHEIDUNGEN

Damit eine Entscheidung getroffen werden kann, ist als Erstes entweder ein Problem oder eine Auswahl notwendig. Denn jede Entscheidung kann nur auf Basis einer Grundlage getroffen werden. Daher erfahren Sie in diesem Unterkapitel, welche Ziele mit der Entscheidungsfindung verfolgt werden können sowie welche Beurteilungskriterien und Alternativen definiert werden können, ob Entscheidungsregeln bestehen und wie mit Wahrscheinlichkeiten und Erfahrungen im Entscheidungsprozess umgegangen werden kann.

Welche Ziele werden verfolgt beim Treffen von Entscheidungen?
Wie bereits beschrieben, wird zunächst z. B. ein Problem oder eine Alternative benötigt, um eine Entscheidung treffen zu können. Beispielsweise könnte eine Investitionsentscheidung anstehen, in der Sie die Entscheidung zu fällen haben, in welcher Form Sie investieren sollen, dabei sollen Sie zwischen den Investitionsformen in der Tabelle 6 abwägen.

Diese Auswahl wurde aufgrund Ihrer Erfahrungen, Risikobereitschaft und weiteren durch Sie definierten Kriterien getroffen. Mit Ihren Zielen, was und wie Sie im Leben voranschreiten wollen, rücken Sie der Auswahl immer ein Stück näher, indem Sie z. B. weiter recherchieren und sich über die getroffene Auswahl informieren.

Ihre kurz- und mittelfristigen Ziele spielen bei der Investition eine entscheidende Rolle, da Sie aufgrund dieser Ziele entsprechend investieren. Als Beispiel werden Sie nicht in zwei große Investitionen wie Immobilien investieren können, da Ihnen vermutlich die finanziellen Mittel fehlen. Selbst, wenn Sie diese Mittel zur Verfügung stehen haben, werden Sie dennoch einige Investitionsformen bevorzugen, da Sie diese kennen und sie somit favorisieren.

Welche Beurteilungsgrundlagen und Alternativen können definiert werden?

Beurteilungen und Alternativen können beliebig und frei je nach den persönlichen Bedürfnissen definiert werden. Sie sollten jedoch Grundlagen und Alternativen bedacht auswählen, im Anhang finden Sie ab der Seite 97 die Anlage 1: Beurteilungskriterien. Diese Anlage hilft Ihnen bei der Entscheidungsfindung, Sie sollten jedoch diese Checkliste auf Ihre persönlichen Kriterien anpassen, sodass Sie sich immer darauf verlassen können, dass Sie an alles gedacht haben.

Die Checkliste sollten Sie laufend bearbeiten, das bedeutet, dass Sie im Laufe der Zeit immer wieder die Liste perfektionieren und aus neuen Situationen lernen, um zukünftige Situationen besser bewerten zu können. Alternativen sollten Sie immer dann in Erwägung ziehen, wenn Sie sich unsicher sind oder zu viele Kompromisse oder Abstriche machen müssen.

Wenn Sie sehen, dass Sie in eine bestimmte Anlageform investieren möchten, jedoch Ihre Mittel nicht ausreichen oder das Risiko zu groß ist, dann warten Sie lieber ab und investieren Sie in eine andere Anlageform, bis die gewünschte Ihren Vorstellungen entspricht. Denken Sie immer an einen möglichen Totalverlust und die damit verbundenen Konsequenzen! In der Anlage 2: Beispiele bei Verlust und Totalverlust finden Sie einige Beispiele, was mit Verlust und Totalverlust gemeint ist.

Wie wird mit Wahrscheinlichkeiten und Erfahrungen umgegangen?

Erfahrungen und Wahrscheinlichkeiten stellen wichtige Werkzeuge zur Entscheidungsfindung dar. Sie sollten zur Bewertung der Machbarkeit herangezogen werden, allerdings besteht keinerlei Garantie, dass die Wahrscheinlichkeit eintritt. Auch, wenn sie mit 100 % positiv oder negativ eingestuft wird.

Denn Wahrscheinlichkeiten basieren teilweise auf Werten, die in der Vergangenheit liegen bzw. auf Prognosen. Beides stellt ein Indiz zur Entwicklung dar aber keine Garantie. Ebenso sieht es auch bei der Erfahrung aus. Dabei spielt es keine Rolle, ob es sich um die eigenen oder um fremde Erfahrungen handelt. Diese basieren immer auf der Vergangenheit und können die Zukunft ebenso wenig wie Wahrscheinlichkeiten voraussagen.

Wichtig hier ist der Unterschied zwischen Fakten und Indizien. Fakten sind bis zum jetzigen Zeitpunkt (Vergangenheit), Indizien geben eine grobe Richtung für die Zukunft an.

Bestehen Entscheidungsregeln und wie werden sie eingesetzt?

Durch Anwendung einer Entscheidungsregel soll diejenige Alternative ermittelt werden, welche die Zielvorstellungen des Entscheiders bestmöglich erfüllt [8, S. 35].

Das soll im Klartext bedeuten, dass verschiedene Auswahlmöglichkeiten einen bestimmten Prozess durchlaufen, um die bestmögliche Auswahl zu treffen. Dieser Prozess ist die Entscheidungsregel. So eine Regel oder ein Prozess kann eine intuitive Schlussfolgerung sein, aber auch ein akkurat abgestimmtes Verfahren, wie z. B. in Anlage 1: Beurteilungskriterien dargestellt.

Solch eine Regel kann sehr allgemein gehalten werden und so für sämtliche Entscheidungen herangezogen werden. Allerdings ist es auch denkbar, Entscheidungen zu separieren. Also z. B. :

- Entscheidung zur Investition
  - untergliedert in materiell und finanziell
  - untergliedert in Kauf und Verkauf bzw. Abschluss und Kündigung

- Entscheidung zur Vermietung
  - untergliedert in Vermietungsformen z. B. Wohnraummiete und Tageszimmermiete

- Entscheidung zum Jahresurlaub
  - untergliedert in Fernreise und Ausflug

- Entscheidung zur Projektdurchführung
  - untergliedert in Groß- und Kleinprojekten bzw. Entwicklung und Service.

Wie Sie sehen können, gibt es eine Vielzahl an Entscheidungen, die im Rahmen zur Investition – im privaten aber auch im beruflichen Umfeld – zu treffen sind. Die aufgeführten Punkte sind Beispiele einer Vielzahl von täglichen Entscheidungen, denen der Mensch ausgesetzt ist.

Dabei lassen sich zwei große Blöcke an Entscheidungen kategorisieren; Entscheidungen in Zeiten von Sicherheit und in Zeiten von Unsicherheit. In sicheren Zeiten haben die Menschen genügend Mittel zur Verfügung, die Preise und Situationen sind günstig, darum können es sich die Menschen erlauben, Geld für Notwendiges, Luxus aber auch in Investitionen auszugeben.

ENTSCHEIDUNGEN IN ZEITEN VON UNSICHERHEIT

„Unsichere Zeiten" können viele Bedeutungen haben. Sie können z. B. geprägt durch die eigene Situation sein, z. B. durch Verlust des Arbeitsplatzes oder durch Krankheit. Allerdings kann damit auch die wirtschaftliche Lage gemeint sein, in der wir uns derzeit befinden. Da persönliche Situationen immer schwierig und sehr individuell sind, widmen wir uns der wirtschaftlichen Lage. Im Folgenden erfahren Sie, was mit Unsicherheit gemeint ist, was bei Unsicherheit geraten wird, wie Sie mit Statistiken umgehen sowie auf welche Risiken Sie eingehen können bzw. sollten.

Was bedeutet Unsicherheit und wie ist „in Zeiten von Unsicherheit" gemeint?

Wie eingangs erwähnt, gibt es viele Formen von „unsicheren Zeiten"; hier ist jedoch immer die unsichere Wirtschaftslage gemeint. Doch, was ist eine unsichere wirtschaftliche Lage? Egal, in welche Richtung heute geschaut wird, wird schnell festgestellt, dass Sämtliches unsicher und unberechenbar geworden ist. Gerade in der Corona-Zeit. Schauen Sie sich den Kapitalmarkt an, die Wahlen zum US-Präsidenten wirken sich zum Teil negativ auf viele Anlageformen auf dem Wertpapiermarkt aus.

Die heutige Rente wird sehr oft diskutiert und es wird daran herumgeschraubt, da stellt sich schon die Frage, ob das Rentensystem weiter so bestehen bleibt und was die heutige Generation im mittleren Altem später einmal haben wird. Geschweige denn neugeborene Kinder: Werden die noch dieses Rentensystem genießen, gibt es ein neues oder wie sieht die Zukunft aus?

Selbst in völlig andere Richtungen blickend z. B. zum Atomausstieg und zur Endlagersuche und viele weitere Fragen sind unbeantwortet und selbst für hochrangige Wissenschaftler ein ungelöstes Problem. Auch das eigene Umfeld betreffend gibt es eine große Reihe an Unsicherheiten. Beispiele sind, ob der aktuelle Partner weiterhin an der eigenen Seite bleiben wird, wird man sich noch in 20 Jahren kennen?

Wird der aktuelle Wohnort noch bewohnbar bleiben oder wird z. B. durch Umweltkatastrophen oder öffentliche Bauvorhaben oder auch durch persönliche Veränderungen ein neuer Wohnort etabliert? Die Umwelt gerät immer weiter ins Ungleichgewicht durch immer höhere

Verschmutzung. Ein großes Problem stellt Plastik dar. Es ist einfach zu produzieren, aber ist nicht biologisch abbaubar. Erst vor Kurzem haben Wissenschaftler selbst in der Luft Plastikteilchen gefunden, die vermutlich bis in unsere Blutlaufbahn gelangen, weil sie so winzig sind. Die Meere sind voll mit verschiedenen Sorten von Müll, begonnen mit der Atomverklappung bis hin zur Entsorgung von diversem Müll wie z. B. Plastik. Dies führt so weit, dass Fischer tonnenweise Müll an Land bringen, um ein Minimum an Sauberkeit zu erreichen.

Doch, was hat das alles mit unseren Anlagen zu tun, fragen Sie sich sicherlich jetzt. Ganz einfach: Unser wirtschaftliches System befindet sich in einem fein austarierten Gleichgewicht, das wie durch Zahnräder global fungiert. Durch die Globalisierung sind viele neue Möglichkeiten entstanden. Neulich (2018) hat ein Streit zwischen Kosovo und Serbien dazu geführt, dass in ganz Europa die Frequenz im Stromsystem zurückgegangen ist und dadurch alle Uhren, die an der Steckdose hingen, einige Minuten nachliefen [9].

In der Zeit von Corona und dem ersten Lockdown (Q1 2020) wurden viele Grenzen geschlossen, sodass der Nachschub vieler Güter gefehlt hat. Doch, warum ist das so? Ganz einfach: Keiner führt mehr Lager, jeder will die Produktion und Lieferung „just in Time", was dazu führt, dass das Lager buchstäblich auf die Autobahn in die Lkws verlagert wird. Durch diese zwei einfachen Beispiele ist die Globalisierung einfach dargestellt. Auf weitere kompliziertere Sachverhalte wie Wertpapiersysteme oder Rentensysteme muss demnach nicht eingegangen werden, da diese ebenfalls von dem schlussendlichen Erfolg abhängen.

Sollte in Zeiten von Unsicherheit auf Bekanntes zurückgegriffen werden?

Die Frage ist ebenso wenig genau zu beantworten wie die vorherige. Denn die Frage ist nicht, was heute als bekannt angesehen wird, sondern was in der Zukunft bekannt sein wird. Vielleicht ist es eine Möglichkeit, auf Verträge zu setzen. Also z. B. beim Immobilienbau den aktuellen Niedrigzins auf ein Maximum festzuschreiben. Dadurch kann in einer möglichen Hochzinsphase Geld eingespart werden. Doch hier stellt sich wieder die Frage, wann der richtige Zeitpunkt ist, um einen solchen Vertrag abzuschließen. Allerdings kann es sich auch wie eine Art Sicherheit anfühlen, wenn in bestimmten Situationen Bekanntes angewendet wird. Dies kann z. B. in Prüfungen sein.

Es ergibt evtl. wenig Sinn vor der Prüfung einen neuen Taschenrechner zu verwenden, der gänzlich unbekannt in der Handhabe ist. Was jedoch Sinn ergibt, ist eine Art Wartung durchzuführen: Die Batterie auszuwechseln und ggf. eine Ersatzbatterie dabeizuhaben. Dies kann zu Sicherheit und so zu weniger Prüfungsangst führen.

Wie ist mit Statistiken umzugehen?

Wie bereits häufig erwähnt, beruhen Statistiken und Erfahrungen auf Daten, die in der Vergangenheit liegen. Das bedeutet, dass Statistiken verschiedene historische Verläufe aufzeigen. Verläufe können z. B. der Verlauf des Gewinns eines Unternehmens sein, das Jahreszinsniveau, die Inflation usw. Eine Statistik lässt sich immer dort erstellen, wo Daten über längere Zeiträume anfallen.

Statistiken liefern dem Anwender einen möglichen Ansatzpunkt, um Entscheidungen zu untermauern, allerdings sollten sie immer mit Bedacht eingesetzt werden. Hier trifft häufig das Sprichwort: „Nach der Bergfahrt kommt die Talfahrt“ oder umgekehrt zu. Allerdings lässt sich nicht genau sagen, wann die Bergfahrt oder die Talfahrt beendet wird. Jemand, der die wirtschaftliche Lage beobachtet, kann das evtl. abschätzen.

Sie sollten sich Statistiken im Rahmen von Investitionen strategisch sinnvoll anschauen. Strategisch sinnvoll bedeutet, dass Sie nicht seitenweise Statistiken durchblättern sollen, sondern relevante Statistiken z. B. bei einer vermieteten Immobilie die durchschnittliche Mietdauer und Dauer bis zur Neuvermietung. Bei einer finanziellen Anlage z. B. auf dem Aktienmarkt empfiehlt es sich, die Kennzahlen der Bewertungsunternehmen sowie deren Einschätzungen durchzulesen. Außerdem kann auch die Marktkapitalisierung einen guten Hinweis darstellen.

Welches Risiko wird eingegangen und wie kann die Entscheidung möglichst breit und risikofrei definiert werden?

Eine grundsätzliche Risikofreiheit besteht nirgends, selbst wenn Sie das Geld zu Hause in der Matratze „bunkern", kann z. B. durch Feuer oder Einbruch ein Totalverlust erlitten werden. Die Kunst hierbei ist es, mit Wahrscheinlichkeiten zu arbeiten. Das bedeutet, dass Sie Anlageformen (materiell und finanziell) immer breit streuen sollten.

Das bedeutet nicht nur unterschiedliche Formen z. B. Aktien, Fonds, Sparverträge, Versicherungen, Immobilien etc., sondern auch in verschiedene Anbieter bzw. Unternehmen investieren sollten. Denn es nützt nichts, wenn Sie z. B. 200.000 € in Aktien, Fonds, Versicherungen und Immobilien aufteilen. Wenn Sie 50.000 € in ein Unternehmen investieren und Aktien kaufen, sind bei einem möglichen Totalverlust diese 50.000 € auf einmal weg.

Das würde bedeuten, dass Sie ein Viertel Ihres Vermögens verloren haben. Aus diesem Grund sollten Sie auch innerhalb einzelner Anlagenformen mehrere Produkte beziehen und nicht alles auf eine Karte setzen. Dadurch erhalten Sie eine Art eigenfinanzierte Sicherheit. Außerdem sollten Sie immer den Markt beobachten und stets informiert sein. Wenn Sie hierzu nicht in der Lage bzw. beruflich viel eingebunden sind, können Sie sich Limits oder Kursalarme setzen, die entweder entsprechend Ihrer Regelungen den Kauf / Verkauf direkt einleiten oder Ihnen eine Benachrichtigung liefern, wenn entsprechend der Einstellung der

Alarm über- bzw. unterboten wurde.

RISIKOABWÄGUNG, -BEWERTUNG UND -MANAGEMENT

Die Bewertung von Risiken gehört zu den täglichen Aufgaben eines Menschen. Dies kommt daher, dass jeder Mensch jeden Tag mit Schwierigkeiten und Problemen konfrontiert wird, die er zu bewerten und abzuwägen hat, bevor eine Entscheidung getroffen werden kann. Hierbei können sehr unterschiedliche Fälle und Resultate entstehen. Diese sind jeweils im Einzelnen zu bewerten und entsprechend abzuarbeiten. Risiken können dabei sehr unterschiedlich und weniger oder mehr gravierend ausfallen. Daher erfahren Sie in diesem Kapitel, was Risiko bedeutet und wie es definiert ist, wie es ausfindig gemacht wird und wie damit umgegangen wird. Zum Schluss erfahren Sie, wie Sie ein Risikomanagement im kleinen Stil betreiben können.

Wie ist Risiko definiert und was bedeutet es?

Bei der Kalkulation von Risiken ist immer zuerst ein Szenario notwendig, das die betroffene Fragestellung definiert. Ein mögliches Risiko ist, dass, wenn Sie mit dem Auto fahren, dieses ohne Treibstoff im Tank stehenbleibt. Damit dieses Risiko kalkulierbar wird, haben die Automobilhersteller eine Füllstandsanzeige für den Tank sichtbar im Bereich des Geschwindigkeitsanzeigers angebracht. In diesem Zusammenhang werden Risiken einfach aufgeschrieben. Sie überlegen sich, was Sie mit Ihrem Vermögen machen können. Doch zuerst sollten Sie sich überlegen, welche Risiken bestehen könnten. Ein bereits öfter gefallener Begriff ist der Totalverlust. Sie überlegen sich, wie Sie diesen vermeiden könnten und z. B. aus einem Totalverlust einen Teilverlust machen können. Der Fachbegriff hierzu lautet:

- Risikodefinition,
- Risikobeurteilung,
- Risikominimierung durch Definition von Maßnahmen.

Potenzielle Gefahren können dabei sehr gut ersichtlich sein, allerdings können sie auch in einigen Fällen versteckt liegen, sodass im ersten Moment nicht an bestimmte Risiken gedacht wird.

Ein mögliches Beispiel ist das Risiko durch Wetter- und Umwelteinfluss bei Immobilien. Hier können z. B. starke Unwetter oder Erdbeben, aber auch Überflutungen oder Feuer zu verschiedenen Schäden führen. Die Kalkulation dieses Risikos beginnt mit der Umgebung.

Wenn sich die Immobilie nicht in unmittelbarer Nähe zum Wasser befindet, sondern weit weg, ist die Gefahr der Überflutung gering. Wenn Sie auf einem Kontinent leben, auf dem es praktisch nie zu Erdbeben kommt, besteht zwar die Gefahr weiterhin, sie ist jedoch gering. Nach diesem Muster gehen z. B. Versicherungen vor: Sie berechnen die Wahrscheinlichkeit, dass ein Risiko eintritt, und schlagen die Wahrscheinlichkeit entsprechend auf den Preis der Versicherung um. Dies wird risikoorientierte Bepreisung genannt [2, S. 2968 ff].

Wie werden Risiken ausfindig gemacht oder definiert?

Das Management von Risiken ist ein Prozess, der nicht nur in das Topmanagement eines Unternehmens gehört, sondern jeden einzelnen Mitarbeiter betrifft.

Hiervon sind auch nicht nur Unternehmen betroffen, sondern auch private Haushalte. Allerdings sind die Risiken im privaten Umfeld nicht so komplex wie bei selbstständiger Tätigkeit. Das Management von Risiken ist grundsätzlich in vier Phasen aufgeteilt [2, S. 2966]:

- Identifikation von Risiken
- Bewertung von Risiken

- Steuerung von Risiken
- Kontrolle von Risiken.

Daher ist es notwendig, die Risiken im ersten Schritt auszumachen und aufzuschreiben. Als zweiter Schritt erfolgt die Bewertung der ausgemachten Risiken. Die Bewertung kann in verschiedene Stufen erfolgen. Die Tabelle 8 veranschaulicht beispielhaft durch eine sehr grobe Einstufung, welche Folgen eine bestimmte Risikostufe für definierte Bereiche hat. Hierbei wird immer vom schlimmsten Fall ausgegangen. Die farbliche Markierung in Tabelle 8 zeigt im Ampelsystem die Akzeptanz des Risikos an. Rot ist dabei inakzeptabel und grün akzeptabel.

Tabelle 8: Bedeutung einer möglichen Risikoabstufung [1]

Risikostufe	**Folgen im Bereich von ...**			
	Personen	**Umwelt**	**Materiell**	**Finanziell**
Hoch	Tote	Sehr starke Kontamination	Extremer Schaden	Insolvenz
Mittel	Schwerverletzte	Starke Kontamination	Hoher Schaden	Hoher Schaden
Schwach	Verletzte	Kontamination	Mäßiger Schaden	Mäßiger Schaden
Marginal	Leichtverletzte	Leichte Kontamination	Kleiner Schaden	Kleiner Schaden
keine	-	-	-	-

Tabelle 9: Beispiele von Risiken und deren Einstufung in verschiedenen Bereichen [1]

Risiko	Schäden im Bereich von			
	Personen	**Umwelt**	**Materiell**	**Finanziell**
Totalverlust Anlage	keine	keine	Hoch	Hoch
Teilverlust Anlage	keine	keine	Schwach	Schwach
Zahlungsunfähigkeit (eigene)	keine	keine	Hoch	Hoch
Einsturz Immobilie	Hoch	Hoch	Hoch	Schwach
Erdbeben	Hoch	Hoch	Hoch	Schwach
Feuer	Hoch	Schwach	Hoch	Schwach
Mietausfall	keine	keine	keine	Schwach

Die

Tabelle 9 zeigt die jeweiligen Risiken und deren beispielhafte Einstufung tabellarisch auf. Allerdings zeigt die Tabelle nicht die Beweggründe zur Einstufung auf. Die Einstufung der Risiken erfolgt z. B. in einem Einstufungsbericht oder nach Ihren eigenen Bedürfnissen und Erfahrungen. Dieser Bericht veranschaulicht die Beweggründe, warum dieses Risiko aufgenommen wurde und wieso es in welchem Bereich wie eingestuft wurde. Außerdem enthält der Bericht Vorschläge, wie das Risiko zu minimieren ist bzw. das Risiko auf ein erträgliches Maß reduziert werden kann.

Wie ist der Umgang mit definierten Risiken?

Durch die beiden Phasen Steuerung und Prüfung der Risiken ist es möglich, die ausgemachten und kategorisierten Risiken durch geeignete Maßnahmen überschaubar zu machen. Hierbei werden für jedes Risiko, das eine unakzeptable Einstufung hat, Maßnahmen zur Reduzierung des Risikos getroffen. Hierbei wurde in der Tabelle 8 bereits die Akzeptanz der einzelnen Risikoklassen farblich dargestellt. Wenn ein Risiko mit einer dieser Stufen eingestuft wird, so ist das Risiko auf eine akzeptable Einstufung zu bringen.

Wenn z. B. eine Einstufung mit „rot" vorgenommen wurde, so ist diese Einstufung auf „orange" oder „grün" zu reduzieren. Die Reduktion kann z. B. mithilfe einer geeigneten Versicherung oder durch andere geeignete Maßnahmen erfolgen. In der

Tabelle 9 ist vom Risiko „Einsturz der Immobilie“ die Rede, dieses Risiko wurde immer mit "rot“ bewertet, da eine einstürzende Immobilie erheblichen Schaden und tote Personen nach sich zieht. Allerdings ist das kein Risiko, das Sie als Eigentümer bzw. Vermieter zu tragen haben. Dieses Risiko wird bereits beim Bau der Immobilie berücksichtigt und so ausgelegt, dass es in der heutigen Zeit praktisch keine Einstürze mehr gibt; falls doch, ist der Architekt bzw. das ausführende Bauunternehmen in der Pflicht.

Wie Sie sehen, bestehen einige Möglichkeiten, ausfindig gemachte Risiken zu minimieren. Die Risikominimierung erfolgt auf fünf verschiedene Arten:

- Vermeidung von Risiken, durch Unterlassen der Tätigkeit.
- Vermeidung von Risiken durch Eingrenzen des Schadenmaßes.
- Verlagerung oder Begrenzung der Risiken auf Vertragspartner.
- Akzeptanz der Risiken durch Annahme der möglichen Auswirkungen.

Ebenso wie das Ausfindig-Machen der Risiken gehört das Minimieren von Risiken zu den Aufgaben der Recherche vor der Investition. Hierbei ist es nicht nur wichtig, die Risiken zu minimieren, sondern auch laufend zu überwachen. Denn die Risiken können sich im Laufe der Zeit verändern oder die getroffenen Maßnahmen sind veraltet und greifen nicht mehr wie gewünscht.

Daher ist ein regelmäßiges Controlling der gefundenen Risiken, der Einstufung in die korrekte Risikostufe sowie die erhobenen Maßnahmen zur Minimierung des Risikos zu überwachen. Außerdem gehört es auch zum Controlling, dass die bereits ausfindig gemachten Risiken laufend überprüft und ggf. erweitert werden. Die laufende Kontrolle und Erweiterung der Risiken hängt sehr stark vom Lebenszyklus der Anlagen und Immobilien ab, aber auch der darin enthaltenen Gegebenheiten, Unternehmen und auch Techniken.

Wie kann Risikomanagement im kleinen Umfang effizient betrieben werden?

Jeder private Haushalt kann Risikomanagement professionell betreiben, indem – wie bereits beschrieben wurde – nach möglichen Risiken gesucht wird.

Nach dem Auffinden möglicher Risiken werden diese geordnet und z. B. in tabellarischer Form erfasst. Am besten sind bereits grobe Unterteilungen, damit eine Übersicht besteht. Hierbei ist es wichtig, ein einziges System anzuwenden und nicht mehrere Systeme zu beschreiten. Denn Sie wollen sich auch wieder zurechtfinden. Bei Unterteilungen aller Arten sollte immer, wenn möglich, eine tiefere Unterteilung von 5 bis 8 gänzlich vermieden werden. Denn oft sind bei Ordnerstrukturen auf den Laufwerken die Zeichen begrenzt und häufig einfach nicht sinnvoll.

Wenn Sie z. B. für jeden monatlichen Kontoauszug einen Ordner anlegen, ist das nicht zweckdienlich, da der Dateiname bereits den Monat enthalten könnte. Der letzte Ordner in diesem Beispiel könnte die aktuelle Jahreszahl sein.

In der Tabelle 10 ist eine beispielhafte Unterteilung aufgeführt. Diese Unterteilungen fungieren wie Sammelcontainer, die sämtliche Informationen zu der jeweiligen Anlage beinhalten.

Tabelle 10: Mögliche Unterteilungen von Vermögenswerten [1]

1. Unterteilung	2. Unterteilung	3. Unterteilung	4. Unterteilung	5. Unterteilung
Materiell	Immobilien	Häuser	Standort	Erwerbsjahr
		Wohnungen	Standort	Erwerbsjahr
		Garagen	Standort	Erwerbsjahr
		Briefmarken	Länder	Jahrgang

	Wertgegen-stände	Münzen	Länder	-
		Aktien	-	-
Finanziell	Währungen	Euro	Erwerbsjahr	-
		Dollar	Erwerbsjahr	-
		Bitcoin	Erwerbsjahr	-
	Wertpapiere	Aktien	Unterneh-men	Erwerbsjahr
		Fonds	Unterneh-men	Erwerbsjahr
	Edelmetalle	Gold	Erwerbsjahr	-
		Silber	Erwerbsjahr	-
		Platin	Erwerbsjahr	-
	Versicherun-gen	Kapitalversi-cherung	Abschluss-jahr	-
		Rentenversi-cherung	Abschluss-jahr	-
	Sparverträge	Sparbuch	Kontonum-mer	-
		Bauspar-ver-trag	-	-

Mithilfe dieser Unterteilung kann auch die Risikoanalyse aufgebaut werden, indem für jede Anlage eine Datei erstellt wird. Als gebündelte Datei, z. B. in der jeweiligen 2. Unterteilung gespeichert, kann eine Sammeldatei realisiert werden, die sämtliche Risiken der eingesetzten Anlageinstrumente enthält. Dadurch lassen sich die Risiken einfach überblicken und können schnell präzisiert und erweitert werden. In den einzelnen Tabellen sind dann nicht nur die Risiken, sondern auch deren Einstufung und ggf. auch deren Minimierung auffindbar. Am gleichen Speicherort befindet sich dann noch der Bericht, in dem genau erfasst wird, warum die Risiken so eingestuft wurden und was die Beweggründe dazu waren. Dies ist besonders für spätere Fragen wichtig.

PROJEKT-, WISSENS- UND PROZESSMANAGEMENT

Projekte können in vielen Rahmen und in vielen Umfeldern abgewickelt werden. Hierbei steht die Abwicklung im Vordergrund. Doch, wie wird ein Projekt gerade im Bereich von Anlageformen und Immobilien umgesetzt und welche Disziplinen hängen im direkten Zusammenhang mit Projektmanagement zusammen? In diesem Kapitel erfahren Sie, wie Sie Wissens-, Projekt- und Prozessmanagement im Rahmen von Anlagen anwenden und betreiben können. Hierbei stehen immer der Erfolg, die Wissenssicherung sowie deren Dokumentation im Vordergrund. All dies ist notwendig, damit Sie zunächst nicht im Datenchaos versinken und sich externe Parteien wie Finanzamt, Steuer- und Vermögensberater einfach einarbeiten können. Zu guter Letzt auch im Fall einer Nachlasspflege ist eine gute Dokumentation wichtig, damit im Rahmen der Nachlasspflege geeignete Schritte eingeleitet werden können und nichts in Vergessenheit gerät.

Als weiterführende Literatur wird an dieser Stelle die Nummer [10] im Quellen- und Literaturverzeichnis empfohlen. Es handelt sich hierbei um die in Kreisen von Projektmanagern genannte „Bibel des Projektmanagements“, geschrieben von Manfred Burghardt, ein sehr zu empfehlendes Werk.

Was ist Wissensmanagement und wie wird es schlank umgesetzt?

Wissen ist das wichtigste Gut, was ein Mensch oder ein Unternehmen besitzen können. Ohne spezifisches Wissen in verschiedenen Bereichen nutzen die besten Produkte, Dienstleistungen und Lösungen nichts, wenn deren Entwicklung bzw. deren Bau und Inbetriebnahme nicht korrekt, effizient und dadurch kostengünstig abgewickelt werden kann.

Das Wissensmanagement ist somit nicht alleinige Aufgabe von Spitzen- oder Mittelmanagement, sondern betrifft jeden einzelnen Mitarbeiter im Unternehmen. Beginnend mit dem Spitzenmanagement und der Definition, wie das Wissen im Unternehmen gehandhabt wird sowie dessen Streuung.

Hierbei ist eine zentrale Applikation wichtig, auf die jegliche Mitarbeiter im Unternehmen Zugriff haben. Dabei ist es wichtig, dass nur das Wissen für alle zugänglich ist, das auch geprüft und freigegeben wurde. Denn es nützt keinem ein Nachschlagewerk, wenn dessen Inhalt falsch ist. Daher ist es notwendig, dass gewisse Personen als Schreiber und Prüfer fungieren. Schreiber können spezielles Wissen erfassen und Fachleute prüfen und ergänzen dieses, damit nach der Freigabe das Wissen für alle zur Verfügung gestellt werden kann.

Dieses Prinzip ist besonders gut in den Bereichen der Verwaltung von Vermögen, Geldern sowie Immobilien übertragbar, selbst im privaten Umfeld. Durch spezifisches Wissen sind einzelne Wissensbestandteile rund um eine Anlage gemeint. Wissen, welches nur auf diese eine bestimmte Anlage oder auf eine bestimmte Immobilie zutrifft.

In

Tabelle 10 ist eine mögliche Unterteilung von Risiken veranschaulicht. Es ist auch denkbar, ein Wissensmanagement so aufzubauen. Allerdings ist ein Ordnersystem nicht besonders ideal, um Wissen zu sichern, da es nicht auf einen Blick überschaubar ist. Hier ist zuerst der korrekte Pfad und dann das entsprechende Dokument zu suchen.

Anschließend gilt es, die gesuchte Information im Dokument ausfindig zu machen. Das ist weder intuitiv noch benutzerfreundlich und kostet obendrein noch sehr viel Zeit.

Aus diesem Grund empfiehlt es sich hier, besonders im privaten Umfeld eine zentrale Applikation wie z. B. ein nicht öffentlicher Notizblock z. B. Microsoft OneNote oder eine nicht öffentliche Intranetseite, die in einem Ordner z. B. auf der Cloud oder lokal an einem geschützten Ort gespeichert wird. Die Intranetseite kann beliebig aufgebaut werden. In dieser können sämtliche Informationen zu jeglichen Anlageformen geführt werden.

Wie wird Wissensmanagement oder Wissenssicherung umgesetzt?
Es ist häufig in Unternehmen zu sehen, dass Wissen in Anleitungen, Leitfäden und Arbeitsanweisungen zu sortieren versucht wird. Dabei besteht jedoch die Gefahr, dass die Wissenssicherung sehr unübersichtlich wird. Je nach angewendeten Systemen und Anlagen können auch sehr viele Dokumente erstellt werden.

Dieses Beispiel verdeutlicht, dass, wenn ein System wie in

Tabelle 10 aufgeführt besteht, eine Vielzahl an Dokumenten erstellt wird. Dazu kommen viele verschiedene Speicherorte. Zu Beginn einer Anlagendokumentation ist das noch kein Problem, da wenige Anlageformen bestehen und auch wenige Anlagen verfügbar sind. Doch mit jeder neuen Art, mit jeder neuen Anlage erhöht sich die Anzahl der Dokumente. Diese lassen sich z. B. in Form eines WikiWiki (Intranetseite) realisieren. Ein WikiWiki ist eine Serverplattform, die über einen Internetexplorer bearbeitet und betrachtet werden kann. Dieses Wiki kann in verschiedene Bereiche untergliedert werden. Denkbar ist z. B., dass jede einzelne Anlagenform sinnvoll gruppiert wird, damit die einzelnen Anlagen übersichtlich zusammengehalten werden können. Das Wiki bietet den großen Vorteil, dass Dokumente nicht mehrfach zu führen sind, sondern ausschließlich an einem einzigen Ort. Wenn das gleiche Dokument an anderen Orten benötigt wird, wird es einfach dorthin verlinkt. Hier können auch andere Dokumente, z. B. Wissen im Rahmen einzelner Projekte, z. B. zu Dachsanierung, Aufzugsanierung und Wasserschäden in allgemeiner Form gesichert werden.

Dies gewährleistet in Unternehmen die Transparenz zwischen verschiedenen Sachbearbeitern und im privaten Bereich gewährleistet dieses Vorgehen eine lückenlose Dokumentation und Nachvollziehbarkeit, die für Jahresabschlüsse und wichtige familiäre Entscheidungen herangezogen werden können.

Eine zweite Möglichkeit bietet das Programm OneNote von Microsoft. Dieses Programm ist wie ein Notizbuch aufgebaut. Durch die Speicherung in OneDrive können auch mehrere Benutzer gleichzeitig das Notizbuch verwenden.

Dabei kann ein Notizbuch nur in drei Ebenen gegliedert werden: Abschnittsgruppen, Abschnitte und Seiten. Hierbei lässt sich keine tiefe Gliederung realisieren, allerdings ist es möglich, durch Gruppenbildung verschiedene Anlagenformen zu bündeln und in den Abschnitten die einzelnen Anlagen aufzuteilen. In den eigentlichen Seiten können dann sämtliche Informationen aufgeführt werden. Die hinzugefügten Informationen werden mit einem Stempel versehen. Dieser Stempel beinhaltet Datum, Uhrzeit und Benutzer. Dadurch kann immer der Erfassungszeitpunkt zurückverfolgt werden sowie der Erfasser bzw. der Bearbeiter.

Tabelle 11: Mögliche Wissenssicherung in OneNote [1]

Gruppierung	Abschnitte	Seiten
Immobilie	Objekt in Straße 1	Hausverwaltung
		Eigentum
		Nebenkosten
		Grundsteuer
		Sonstiges
	Objekt in Straße 2	Hausverwaltung
		Eigentum
		Nebenkosten
		Grundsteuer
		Sonstiges
Sparverträge	Sparbücher	Sparbuch 1
		Sparbuch 2
	Bausparen	Vertrag 1
		Vertrag 2
	Versicherungen	Vertrag 1
		Vertrag 2
Fonds	Immobilien	Fond 1
		Fond 2
	Aktien	Fond 1
		Fond 2

Die Tabelle 11 veranschaulicht eine mögliche Aufteilung der verfügbaren Informationen. Hier ist wie bei jedem Ordnungssystem wichtig, dass das Wissen um das eigentliche System immer verfeinert und stets weiterentwickelt wird. Daher bietet OneNote nicht viele Möglichkeiten, ist jedoch für private Anwender durchaus gut geeignet.

Was ist Projektmanagement und wie wird es schlank umgesetzt?
Als Erstes steht die Definition eines Projektes an. Diese Phase stellt die wichtigste Phase eines jeden Projektes dar [10, S. 35 ff]. Hierbei werden sämtliche Definitionen, Ausgangssituationen und die Wirtschaftlichkeitsbetrachtung sowie die Ressourcen festgelegt.

Dabei wird das Projektmanagement häufig als Dreieck dargestellt, das sich innerhalb eines Kreises befindet. An jedem äußeren Punkt des Dreiecks befinden sich die drei grundlegenden Parameter eines jeden Projektes [10, S. 45]. Diese Parameter sind: Zeit, Leistung und Ressourcen. Wenn ein Parameter sich verzieht, verzieht sich somit das komplette Dreieck und gerät damit aus dem Gleichgewicht. Für Manager von Projekten ist es daher besonders wichtig, immer an der korrekten Stelle gewisse Korrekturen des „Fahrplans“ vorzunehmen, damit das Dreieck stets im Gleichgewicht bleibt.

Bei der Durchführung von Projekten kommt es daher sehr stark auf eine gute Planung der Projekte an. Diese Planungen, auch Schätzungen von Aufwänden genannt, können auf viele unterschiedliche Arten erfolgen, die folgenden Methoden werden unterschieden und zu bestimmten Zeiten angewendet.

In der

Tabelle 12 sind diese zusammengefasst dargestellt.

Tabelle 12: Methoden und deren Einsatzzeitpunkte [1, Teil auf Basis von], [10, S. 216 f]

Methodik	**Möglicher Zeitpunkt des Einsatzes der Methodik**
Algorithmische Methoden • Parametrische Methoden • Faktische Methoden	Diese Methoden lassen sich je nach ausgewählter Methode teilweise bereits ab Beginn der Studie bzw. ab dem Systementwurf bis hin zum Systemtest einsetzen.
Vergleichsmethoden • Analogie-Methoden • Relations-Methoden	Vergleichsmethoden lassen sich besonders gut zu Projektbeginn bis hin zum Modulentwurf einsetzen. Je nach Anpassung der gewählten Methode ist die Anwendung bis zur Integration denkbar.
Kennzahlenmethoden • Multiplikator-Methoden • Produktivitäts-Methoden • Prozentsatz-Methoden	Kennzahlen spielen häufig in der Produktion eine sehr große Rolle. Daher sind diese Methoden häufig ab dem Entwurf bis zur Integration zu sehen und werden auch zur Qualitätsbeurteilung herangezogen.
Methoden zur Expertenbefragung	Experten können zeitlich unabhängig „immer“ stattfinden.

Die besten Planungen und Methoden nützen nichts, wenn sie nicht kontrolliert werden. Im Projektcontrolling werden die Projektziele, der Zeitplan, die Aufwände und Kosten, die Qualität des Produktes sowie die erstellten Dokumente und Berichte stets kontrolliert und in einem Projektorganigramm festgehalten. Dadurch erhalten sämtliche Mitarbeiter eines Projektes stets einen Überblick, wie weit das Projekt fortgeschritten ist, welche Abhängigkeiten bestehen und welche zukünftigen Aufgaben sich noch vor den Mitarbeitern befinden [10, S. 399 ff]. Mit dem stetigen Fortschritt des Projektes können sich Änderungen seitens des Unter–

nehmens aber auch seitens des Kunden ergeben. Hierbei ist es wichtig, die Änderungen so klein und strukturiert wie möglich zu halten. Durch Agilität werden zu festen Zeitpunkten kleinere Pakete an den Kunden abgegeben.

Dadurch behält jede Partei Reaktionsspielraum und ist nicht gezwungen, am Ende des Projektes das Produkt als „großen Brocken" abzunehmen. Ein weiterer Vorteil eines agilen Projektmanagements besteht darin, dass Änderungen durch die kleinen Abgabepakete kostengünstig zu absolvieren sind. Denn wenn der Kunde zu einem bestimmten Zeitpunkt einen Teil geliefert bekommt und seinen Fehler bemerkt, dass er ein Detail so nicht haben möchte, kann eine Änderung noch einfach umgesetzt werden. Je weiter das Projekt voranschreitet, desto höher sind die Kosten für die Umsetzung von Änderungen [10, S. 177 ff].

Dieses Projektprinzip lässt sich 1 zu 1 auf Anlagen im Großen sowie auch im Kleinen umsetzen. Als Projekt kann z. B. jede neue Anlage angesehen werden. Der Projektstart zielt darauf hinaus, dass die Recherche zu der Anlage, die Einholung von Vorabinformationen sowie verschiedene Vergleichswerte definiert werden. Im eigentlichen Projekt geht es darum, das Risiko- und Wissensmanagement aufzubauen und die Anlage (vielleicht) zu beziehen. Nach dem Bezug gibt es ein umlaufendes Controlling, ob die Anlage weiter haltbar ist oder ob sie verkauft werden soll. Nach dem Verkauf geht es an die letzte Datenablage und die Wissenssicherung, damit die gewonnenen Erfahrungen (positiv und / oder negativ) festgehalten und ggf. zum späteren Zeitpunkt nachgeschlagen werden können.

Was ist Prozessmanagement und wie wird es schlank umgesetzt?

Zunächst ist zu klären, was Prozess bedeutet. Wie Sie sich sicherlich vorstellen können, gibt es mehrere „Dinge", die Sie sich unter dem Begriff Prozess vorstellen können. Die gängigsten drei sind:

- Arbeitsprozesse / Handlungsreihenfolgen
- Workflows
- Geschäftsprozesse.

Beginnen wir mit den Arbeitsprozessen bzw. den Handlungsreihenfolgen. Darunter wird im Allgemeinen eine feste Abfolge einer bestimmten Handlung verstanden. Beispiele hierfür sind:

- Montage eines Reifens am Auto
- Rechenprozess in einem Computer.

Hierbei steht der eine bestimmte Vorgang im Vordergrund und beschäftigt sich mit keinen weiteren Personen oder Abteilungen. In Arbeitsprozessen bzw. Handlungsreihenfolgen werden auch selten Informationen zur weiteren Vorgehensweise oder vorangegangenen Arbeiten (Folgen oder Voraussetzungen) benannt.

Workflows gehen hier eine Stufe höher, indem sie z. B. eine Arbeitsgruppe oder eine Abteilung betreffen. Auch abteilungsübergreifend können Workflows definiert sein. Ein Workflow ist einfach an einer Eingangsrechnung in einem Unternehmen zu erklären:

1. Der Eingang der Rechnung wird bestätigt und weitergeleitet.
2. In dem Rechnungseingang wird die Rechnung grob geprüft und an die entsprechend korrekte Stelle weitergeleitet.
3. Diese Stelle prüft die Rechnung im Detail und gibt diese frei.
4. Nach der Freigabe landet sie in der Fakturierung und wird bezahlt.
5. Nach der Bezahlung folgt die Buchhaltung, in der die Rechnung im System eingebucht und abgelegt wird.

An diesem Beispiel wird deutlich sichtbar, dass eine Art „Kochrezept" dargestellt wird, allerdings die Handlungen nicht bis ins kleinste Detail erfasst sind. Das bedeutet, dass die entsprechende Stelle wissen muss, was z. B. im Schritt 3 zu tun ist. Z. B.

a) Wie die Rechnung zu prüfen ist.

b) Welche Informationen dazu benötigt werden.

c) Was geschieht, wenn die Rechnung fehlerhaft ist.

Geschäftsprozesse zeigen häufig Handlungen auf, die das ganze Unternehmen betreffen. Ein gutes Beispiel ist ein Änderungsprozess. Dieser betrifft vom Kunden über den Einkauf, die Entwicklung, die Produktion bis hin zur Inbetriebnahme und zur Buchhaltung jegliche Abteilung im Unternehmen. Daher ist notwendig, ein Diagramm aufzustellen, in dem genau festgelegt ist, wie ein Geschäftsprozess abgewickelt wird. Hierbei wird häufig die sogenannte ereignisgesteuerte Prozesskette (EPK) angewendet. Die EPK wird grafisch in Form eines Ablaufdiagramms dargestellt. Die Erstellung einer EPK kann z. B. mit dem ARIS-Toolset (ARIS) erstellt werden. Das ARIS-Haus besteht im Wesentlichen aus fünf Teilen [11, Kap. 3.1.7 ff]:

- Das Fundament beinhaltet die Produkt- bzw. die Servicesicht.
- Die erste Säule beinhaltet die Datensicht.
- Die zweite Säule beinhaltet die Prozesssicht.
- Die dritte Säule beinhaltet die Funktionssicht und
- das Dach beinhaltet die Organisationssicht.

Mit diesen fünf Schichten können vollumfängliche und detaillierte Geschäftsprozesse aufgebaut werden, die im Rahmen des Qualitätsmanagements von Unternehmen abteilungsübergreifend benötigt werden.

In diesem Rahmen wird nicht weiter auf die Geschäftsprozessentwicklung eingegangen. Weiterführende Literatur ist z. B. die Fallstudie des Frankfurter Flughafens [12] oder das Buch „Prozessmodellierung mit ARIS [13] das ARIS-Toolset ist im Internet erhältlich [14].

Damit Prozessmanagement privat und geschäftlich möglichst schlank umgesetzt werden kann, ist es notwendig, das Prozessmanagement bedarfsorientiert aufzubauen. Es ergibt z. B. keinen Sinn, Prozesse mit ARIS zu „bauen", wenn Sie für private Zwecke Ihren Ablauf zur Kaufabwicklung eines Fonds dokumentieren wollen.

Auf der anderen Seite ergibt es keinen Sinn, in einem Großunternehmen die Arbeitsschritte nicht akkurat darzulegen, denn Unternehmen können nur dann effizient arbeiten, wenn sie ihre Abläufe und Abhängigkeiten kennen und aufeinander abstimmen. Wie bei der Unterteilung von Ordnern und Wissen ist auch das Prozessmanagement ein wichtiges und notwendiges Werkzeug im Rahmen der Anlagenverwaltung. Nur mithilfe dieser Werkzeuge lassen sich sämtliche Anlageformen übersichtlich und strukturiert dokumentieren, darstellen sowie abwickeln.

LEBENSZYKLUS VON ENTSCHEIDUNGEN UND RISIKEN

Jeder Mensch kennt es: Ein Gerät ist defekt und ist auszutauschen oder ein Gerät wurde vor Jahren angeschafft und ist nun völlig veraltet und wird durch ein neues ersetzt.

Allerdings gibt es auch Situationen, in denen einfach ein neues Gerät z. B. eine neue Spielekonsole oder ein neues Smartphone ohne triftigen Grund ausgewechselt werden soll, weil z. B. ein neues Modell auf den

Markt gekommen ist. Diese Situationen sind allgegenwärtig und bekannt. Doch viele Menschen kennen den Begriff „Lebenszyklus“ nicht. Daher erfahren Sie in diesem Kapitel, was ein Lebenszyklus ist, wozu er wichtig ist und wie der Kapitalmarkt den Lebenszyklus beeinflusst, außerdem erfahren Sie, wie auf die Schnelllebigkeit reagiert werden kann.

Was ist ein Lebenszyklus und wozu ist er wichtig?

Unter einem Lebenszyklus wird im Allgemeinen der Verlauf eines Gutes von Beginn einer Idee bis zu dessen vollständiger Verschrottung, Entsorgung oder Vernichtung verstanden [2, S. 2124 f]. Dabei ist es vollkommen irrelevant, ob es ich um physische Produkte oder um Software oder Dienstleistungen handelt. Innerhalb eines Lebenszyklus werden verschiedene Phasen durchlaufen. Dies sind im Allgemeinen:

- Einführung
- Wachstum
- Reifung
- Sättigung
- Degeneration.

Diese Phasen beschrieben zum einen die Absatzmenge und zum anderen den generierten Umsatz auf Basis eines definierten Zeitraums von z. B. 30 Jahren bei physischen Produkten wie Ersatzteilen von Autos. Allerdings können Lebenszyklen auch viel kürzer sein. Dies hängt z. B. auf dem Geldmarkt mit den Zinsen zusammen.

Es wird angenommen, dass ein Kreditvertrag „Blauer Drachen“ mit 1,2 % Sollzins als Produkt definiert ist. Damit kann dieser Vertrag in der Bank entsprechend angeboten werden. Abhängig von den Leitzinsen kann dieser Vertrag länger oder kürzer angeboten werden. Wenn der

Leitzins signifikant angehoben wird, steigen die Kreditzinsen. Durch die günstigen Kreditzinsen steigt die Nachfrage der Kunden nach dem Vertrag „Blauer Drachen".

Nach einiger Zeit wird der Vertrag durch die Bank nicht mehr angeboten, da er nicht mehr gewinnbringend verkauft werden kann, und wird somit aus dem Angebot herausgenommen.

Allerdings bestehen die Verträge weiterhin, weil Kunden diesen unterschrieben haben. Erst, wenn der letzte Kunde den Vertrag abgeschlossen hat, ist der Lebenszyklus beendet. Somit kann der Lebenszyklus wie folgt aussehen:

- Start neuer Vertrag „Blauer Drache" im Jahr 2020 mit Laufzeiten von 1 bis 5 Jahren
- Laufender Verkauf des Vertrages
- Verkaufsstopp im Jahr 2025
- Ende Lebenszyklus bei letzter Abzahlung zwischen den Jahren 2027 und 2031.

Der Lebenszyklus zeigt demnach verschiedene Phasen auf und gibt somit entweder einen prognostizierten Wert an, der z. B. bei der Entwicklung berechnet bzw. erwartet wird, oder eine Auswertung der tatsächlichen Verkaufs- und Umsatzzahlen des Produktes. Die tatsächlichen Werte stellen entsprechend eine Auswertung des Verkaufserfolgs dar und können frühestens mit dem Verkaufsstopp dargestellt werden.

Ein Lebenszyklus ist immer dann wichtig, wenn Verfügbarkeiten z. B. im Rahmen von Ersatzteilverfügbarkeiten zu belegen sind. Allerdings können Lebenszyklen auch auf die Umschlaghäufigkeit und Erneuerung von Produkten in einem Unternehmen hindeuten. Viele Produkte, die kurz angeboten werden, sprechen für ein ideenreiches Unternehmen, welches viele Produkte auf den Markt bringt und dadurch mehrere Kleinigkeiten produziert. Bei wenigen Produkten, die lange auf dem Markt bestehen, wird von großer Reichweite, hoher Absatzmenge und großer Nachfrage ausgegangen. Dadurch können die Produkte als einzelnes länger bestehen.

Wie beeinflusst der Lebenszyklus den Kapitalmarkt?
Ein Lebenszyklus ist – wie bereits beschrieben – ein definierter Zeitraum, in dem ein Produkt auf dem Markt bestehen bleibt. Aus der Sicht des Endkunden kann jedoch auch ein Lebenszyklus die Erscheinung eines neuen Modells, z. B. Smartphone, Spielekonsole oder Ähnliches, darstellen. Allerdings stellt dies nicht den Sinn des Lebenszyklus dar. Es vermittelt eher den Endkunden ein Gefühl der Zugehörigkeit, das neueste Smartphone zu besitzen. Es ist eine Art Statussymbol, das diese Menschen dazu bewegt, teilweise Stunden bzw. Tage vor deren Verkaufserscheinung vor den Läden zu kampieren, nur um das aktuelle Gerät zu erhalten.

Dies führt zum einen zur heutigen Wegwerfgesellschaft. Damit ist gemeint, dass voll funktionsfähige Geräte einfach entsorgt werden oder teilweise noch zu behebende Fehler einfach durch ein neues Gerät ersetzt werden. Das kommt daher, dass zum einen die Reparaturkosten häufig über dem Neupreis liegen, und daher, dass sich keine Reparaturwerkstätten mehr damit beschäftigen bzw. es diese nicht mehr gibt. Durch dieses ständige Wechseln teilweise noch neuer und funktionierender Geräte wachsen dementsprechend – häufig in Entwicklungsländern – die Müllberge an.

Hier werden die einzelnen Werkstoffe mühevoll in teilweise gefährlicher Handarbeit voneinander getrennt, um sie später wieder einzeln verkaufen zu können. Auf der anderen Seite wächst der Umsatz der

Unternehmen und so auch die Steuereinnahmen für den Staat. Durch den Verkauf steigt ebenso das Bruttoinlandsprodukt und somit auch wiederum die Wirtschaft, was eine positive Seite darstellt. Diesen Missstand haben einige Unternehmen bereits erkannt und bieten zum Teil überholte ältere Modelle zu günstigeren Preisen an, damit Menschen, die sich kein Smartphone für 1500 € leisten können, es nach z. B. zweijähriger Nutzung noch z. B. für 800 € bekommen. Diese Zwei-Klassen-Kultur soll hier nicht weiter thematisiert werden, allerdings nur so viel (persönliche Meinung des Autors): Im Grundsatz ist die Idee nicht schlecht, damit die Müllberge nicht weiter anschwellen und noch funktionierende Geräte weiterverwendet werden können. Allerdings kommt hierdurch noch stärker die Zwei-Klassen-Schicht „reich" und „arm" noch besser zum Vorschein, daher sollten diese Anbieter immer so vorgehen, dass es den Geräten nicht anzusehen ist, dass sie gebraucht sind.

Der Lebenszyklus hat ebenfalls großen Einfluss auf Geldgeschäfte und Verträge. In letzter Zeit wurde viel darüber berichtet, dass Banken und Versicherungen ihre alten Verträge aufkündigen oder gänzlich Insolvenz anmelden, weil sie die zu zahlenden Guthabenzinsen nicht aufbringen können.

Durch die allgemeine Schnelllebigkeit in Bereichen wie Finanzen und Marktentwicklung ist es demnach schwierig, genaue Prognosen und somit auch nicht immer einfache Entscheidungen zu fällen. Hierbei hilft nur stetige Informationen über die Technik und den allgemeinen Kapitalmarkt. Denn ohne dauernde Information und Weiterbildung ist es sehr schwierig, auf dem Laufenden zu bleiben und so auch angemessen agieren und reagieren zu können. Am einfachsten ist dieser Wandel in der Technik ersichtlich. Wer wenig damit zu tun hat, vergisst sehr schnell die ursprünglichen Funktionen und findet sich bei späteren Neuerungen nicht mehr zurecht.

Verwaltung von Geldern

Dieses Kapitel befasst sich mit der Verwaltung von Geldern und veranschaulicht Ihnen als Erstes den Begriff der Verwaltung, was „verwalten" eigentlich bedeutet, und welche Aufgaben, Pflichten und Rechte bestehen. Des Weiteren wird die Notwendigkeit der Verwaltung aufgezeigt, weshalb eine Verwaltung sinnvoll ist. Außerdem wird aufgezeigt, wie Sie selbst verwaltend tätig werden können und ob es Sinn ergibt, externe Berater und Verwalter zu beauftragen. Im kommenden Kapitel finden Sie Antworten zu folgenden Fragestellungen:

DER BEGRIFF DER VERWALTUNG

Der Begriff der Verwaltung ist im Allgemeinen die Erledigung der Grundaufgaben innerhalb eines Unternehmens, sie steht nicht unmittelbar im Fokus der Unternehmung, sondern ist notwendig zur Führung des Betriebes. Das soll bedeuten, dass die Verwaltung in erster Linie eine Nebentätigkeit innerhalb eines Unternehmens darstellt, die zur Erhaltung der normalen bzw. professionellen Tätigkeit dient. Die professionelle Tätigkeit kann z. B. die Betreibung einer Werkstatt sein. Die Verwaltung beschäftigt sich hierbei mit der Erstellung der Rechnung, Führung und Abrechnung der Mitarbeiter, Eintreibung von Geldern und dergleichen.

Im Zusammenhang mit diesem Buch bedeutet die Verwaltung eine primäre Tätigkeit, denn erst durch die Verwaltung des eigenen Vermögens wird sichergestellt, wie es aufgeteilt ist. Außerdem können auch Vermögensgegenstände z. B. Immobilien vermietet werden. Auch dies ist eine verwaltende Tätigkeit, die dazu dient, dem Mieter und Ihnen korrekte Abrechnungen zu stellen, aber auch eine Übersicht über Schriftverkehr, Rechnungen und sonstigen Unterlagen zu erhalten.

Was bedeutet ordnungsgemäße Verwaltung?

Ordnungsgemäße Verwaltung, z. B. im Rahmen von Immobilien, beginnt mit der Buchhaltung. Jede eintreffende Rechnung und jede eintreffende Anfrage wird sortiert und im Verwaltungssystem abgelegt. Dadurch bleibt die Nachvollziehbarkeit der laufenden Anfragen sowie Rechnungen und Arbeiten stets erhalten. In einem geeigneten Programm werden sämtliche Beträge erfasst. Dabei gilt wie immer in der Buchhaltung die Grundregel: „keine Buchung ohne Beleg“. Bei den Buchungen ist stets darauf zu achten, dass korrekt gebucht wird. Bei einer vermieteten Immobilie äußert sich die ordnungsgemäße Verwaltung durch gute Buchführung sowie das Management der Immobilie und deren Mieter.

Hierbei kommt es auf den Vertrag mit dem Eigentümer an, ob der Verwalter die kompletten Mieten kassiert und somit alle Zahlungen und Rücklagen verwaltet. Es ist üblich, dass der Verwalter die Aufgabe zur Betreuung der Immobilie erhält und mit den Rücklagen und Mietern nichts zu tun hat. Das ist die Entscheidung des Eigentümers, allerdings ist es nicht erlaubt, die Verwaltungskosten den Mietern in Rechnung zu stellen. Diese Kosten sind in den monatlichen Mietzahlungen einzukalkulieren.

Weiter wird unter „ordnungsgemäßer Verwaltung" die Objektivität des Verwalters verlangt. Das bedeutet, dass es im Interesse des oder der Mandanten/ Kunden handeln soll und nicht für seine eigene Rechnung. Er sollte demnach auf eigenmächtiges Handeln stets verzichten, es sei denn es sind Notsituationen. In diesen Situationen hat er stets dafür Sorge zu tragen, dass Schäden so gering wie möglich zu halten sind. Außerdem ist er angehalten, auf Missstände hinzuweisen.

Im Bereich von Verwaltungstätigkeiten ist absolute Diskretion gefragt. Das bedeutet, dass der Verwalter stets Informationen nicht weitergibt und natürlich dem Datenschutz unterliegt. Dies gilt für papierhafte Belege sowie auch für eingesetzte elektronische Datenverarbeitungsanlagen.

Was bedeutet es, Geld bzw. Vermögen zu verwalten?

Es gibt viele Verwaltungsformen und Menschen, die sich Vermögensverwalter oder nur allgemein „Verwalter" nennen. Dies kommt daher, weil ein „Verwalter" kein geschützter bzw. zulassungspflichtiger Beruf ist, wie z. B. ein Handwerksmeister oder ein Ingenieur. Dementsprechend gibt es buchstäblich großen Wildwuchs. Hierzu erfahren Sie im Kapitel „Finanzberater und Vermögensverwalter" mehr.

Mit „Geld oder Vermögen verwalten" ist die Beratung bzw. die Vermögensverwaltung im Rahmen von Finanz- oder Sachanlagen gemeint.

Hierbei werden fremde Vermögenswerte im Rahmen von Verträgen durch den Verwalter allgemein gehandhabt. Dabei stellt der Vertrag den Rahmen dar, wie weit der Verwalter gehen darf. Daher ist es sehr empfehlenswert, einen detaillierten Vertrag zu erstellen, damit es während der Tätigkeit des Verwalters nicht zu Missverständnissen und unberechtigten Handlungen kommt. Hierdurch ersparen sich beide Seiten viel Ärger.

In welchen Bereichen können Verwalter tätig werden?

Wie bereits erwähnt, ist der Begriff des Verwalters nicht geschützt. Aufgrund von Wildwuchs wurde in einigen Bereichen die staatliche Anerkennung eingeführt. Außerdem bieten einige Verbände oder Vereine „Gütesiegel" an, in denen sie entweder ihre Verwalter professionell qualifizieren oder deren Qualifikation prüfen. Nachfolgend sind einige Verwaltungsberufe bzw. -formen genannt:

- Bauverwalter
- Fundus-Verwalter
- Grundbuchverwalter
- Hausverwalter oder WEG-Verwalter (Verwaltung von Eigentümern)
- Insolvenzverwalter
- Mietverwalter (Verwaltung von Mietern im Auftrag von Eigentümern)
- Nachlassverwalter
- Vermögensverwalter.

Die Vermögens- und Insolvenzverwalter können z. B. eine staatliche Anerkennung erlangen. Dadurch weisen sie sehr strenge Auflagen nach, die auch regelmäßig geprüft werden. Beispielsweise ist eine Voraussetzung der Nachweis einer mindestens dreijährigen Tätigkeit als Leitender Angestellter im Finanzdienstleistungsbereich. Dadurch wird sichergestellt, dass die staatliche Anerkennung auf einem soliden Wissensfundament beruht und dadurch der Verwalter entsprechend korrekt beratend tätig sein kann. Dies ist auch z. B. aus der Fernsehsendung „Peter Zwegat“ bekannt. Hier geht es darum, Schuldner von ihrem Schuldenberg zu holen und ihnen den korrekten Weg und Umgang mit Geld aufzuzeigen.

Zur Auswahl eines korrekten Verwalters oder Beraters kann kein Erfolgsrezept erstellt werden. Allerdings ist auch hier wieder die Recherche im Internet z. B. nach Rezensionen sowie auf Nachfrage bei Ämtern und ggf. auch in Banken möglich.

EIGENSTÄNDIGE VERWALTUNG

Die Verwaltung vom Vermögen bedarf einiger Kenntnisse, um das Vermögen korrekt und mit wenigen bzw. keinen Verlusten zu managen. Hierzu gibt es eine Reihe verschiedener Hilfsmittel und Techniken. Dies wird im folgenden Kapitel veranschaulicht.

Welche Hilfsmittel bestehen zur Verwaltung?

Jeder Mensch kann mit einigen Hilfsmitteln sowie Informationen sein Vermögen eigenständig im Griff haben. Allerdings werden einige Hilfsmittel benötigt, gerade wenn in diesem Bereich nicht hauptberuflich gearbeitet wird. Hilfsmittel können eigens erstellte Übersichten sein, die z. B. im Rahmen von Programmen wie Tabellenkalkulation oder Datenbankeditoren realisiert werden können.

Aber auch andere Möglichkeiten, wie z. B. professionelle Verwaltungssoftware, die es zum Teil kostenfrei, aber auch kostenpflichtig zu erwerben gibt. Hier können sämtliche Informationen angelegt werden und so einfach und übersichtlich gehandhabt werden. Hier besteht vor allem in der Funktionalität ein sehr großer Unterschied. Einige Programme bieten einfache Übersichten an, damit Anlagen entsprechend überschaubar dargestellt werden können. Andere Programme bieten jedoch viel mehr Funktionen an, in denen sämtliche Anlageformen erfasst und überwacht werden können. Einige Programme bieten auch Schnittstellen zu Banken und Brokern an.

Doch hier ist Vorsicht geboten, ob wirklich ein Zugriff auf Konten und Broker notwendig ist. Außerdem besteht die Möglichkeit, bei verschiedenen Brokern Limits und Kursbenachrichtigungen einzustellen. Diese verkaufen oder kaufen entsprechend der eingestellten Beträge automatisch. Bei Kursbenachrichtigungen werden Sie einfach informiert, dass der Kurs den eingestellten Wert erreicht hat. Die Aktion Kauf oder Verkauf wird nicht automatisch durchgeführt. Hierzu ist es notwendig, dass Sie selbst den entsprechenden Handelswunsch durchführen, indem Sie tätig werden.

Kann jeder selbst sein Vermögen verwalten?

Im Grundsatz ist es denkbar, ja. Grundsätzlich ist es möglich, dass jeder Mensch sein Vermögen verwaltet und die Finanzen im Griff hat. Allerdings funktioniert das aus verschiedenen Gründen bei einigen Menschen nicht oder nicht immer. Es gibt Menschen, die können kein Geld auf der Seite haben, da sie alles ausgeben und evtl. sogar Schulden anhäufen und somit nicht mit Geld umgehen können.

Es kann zwar passieren, dass Menschen in eine Schuldenspirale geraten, indem sie z. B. den Job verlieren oder Schicksalsschläge wie z. B. verstorbener Partner oder verstorbenes Kind usw. erleiden und somit buchstäblich „abrutschen". Hierzu gibt es jedoch professionelle Hilfe. Diese Hilfe äußert sich in z. B. ärztlicher und psychologischer Behandlung. Außerdem können verschiedene Beratungsstellen oder Betreuer in schlimmen Fällen zugewiesen werden. Häufig ist es jedoch so, dass in der Verwandtschaft oder im direkten Umfeld Hilfe eingefordert werden kann. Das eigene Vermögen kann jedoch selbst verwaltet werden, wenn keine Krankheit besteht, indem bestimmte Werkzeuge und Methoden angewendet werden. Hierzu wurden bereits einige Beispiele dargestellt. Eigenständige Verwaltung ist aus Sicht des Autors immer die beste Lösung, da es keinen Mittelsmann gibt, der mit dem eigenen Vermögen hantiert. Vereinzelte Beratungen, z. B. in der Bank oder bei einer Versicherung, können dennoch in Anspruch genommen werden.

Auch ist es denkbar, dass an Informationsveranstaltungen teilgenommen wird, um so sein eigenes Wissen zu erweitern. Viele Unternehmen und sogar Banken bieten in der heutigen Zeit auch Webinare an. An Webinaren können Menschen teilnehmen, die sich entsprechend weiterbilden wollen und so zu bestimmten Anlageprodukten Informationen sammeln. Hierbei ist jedoch wichtig, dass nicht an sogenannten Kaffeefahrten teilgenommen wird, denn seriöse Beratungen kosten häufig nichts, dabei steht die Beratung oder Informationsverteilung im Vordergrund und nicht der Verkauf. Daher ist es immer notwendig, vorab zu prüfen, wer die Veranstaltung plant, für diese verantwortlich ist und wer sie durchführt. Denn es kann nur jemand eine kompetente Beratung durchführen, der auch Erfahrungen in diesem Bereich hat.

Dies ist einfach überprüfbar, z. B. durch Recherche über die Person: Hat die Person Fachliteratur zu dem Thema veröffentlicht? Ist diese Person eine bekannte Persönlichkeit in der Branche? Welche Referenzen kann sie vorweisen und in welchen Bereichen sind Ausbildung und Erfahrung angesiedelt? Seriöse Berater stellen sich dabei immer im Rahmen von Unternehmensprofilen vor und zeigen ihre Referenzen klar auf, sie sind selten in Werbeaktionen zu sehen und wenn, dann immer im Zusammenhang mit einem Unternehmen. Wobei sich unseriöse eher in sozialen Netzwerken mit ihrem Können und Wissen profilieren und

Werbung schalten. Bei näherem Hinsehen sind häufig Ungereimtheiten oder sogar Widersprüche ersichtlich.

Wie kann möglichst einfach das eigene Vermögen verwaltet werden?

Die Verwaltung ist denkbar einfach, wenn einige Strukturen beachtet werden. Durch verschiedene Anlageformen, wie z. B. lang-, mittel- und kurzfristig, ist es denkbar, dass einige davon angeschafft werden können und somit kein laufender Aufwand besteht. Andere wiederum benötigen laufende Überwachung und Betreuung. Hierbei ist es wichtig, dass Anlageformen angeschafft werden, in denen Sie sich auskennen.

Wenn Sie sich in Anlageformen trauen, die Sie nicht kennen, sind oben aufgeführte Beratungen fast schon verpflichtend, zumindest jedoch eine eingehende Information darüber. Techniken zur Verwaltung bestehen darin, das Vermögen möglichst breit gefächert aufzustellen und den Überblick darüber zu behalten. Hierzu wurden einige Techniken bereits veranschaulicht. Aus Sicht des Autors ist die einfachste und professionellste Methode zugleich die strukturelle Verwaltung mit einer Ordnerablage sowie einer zentralen Informationsdatenbank, z. B. in Form einer Datei, die sämtliche Informationen zu den einzelnen Anlageformen beinhalten.

Hierbei ist die Ordnung der einzelnen Informationen von essenzieller Bedeutung, damit Sie benötigte Informationen schnell auffinden können. Denn nichts ist schlimmer, als Informationen zu suchen und sie nicht zu finden. Außerdem sollten Sie eine einmal aufgebaute Struktur nicht dauernd ändern. Es spricht nichts gegen Optimierung, allerdings sollte die Grundstruktur immer bestehen bleiben.

Hierzu kann das Prinzip „Kanban“ gerade im privaten Umfeld gut eingesetzt werden. Kanban verhilft nicht nur in der Ordnung und

Systematisierung von Unterlagen, sondern auch von Schränken und allgemeinen Vorgehensweisen. Hierzu liegt die sogenannte PDCA-Methode zugrunde (Plan-Do-Check-Act). An dieser Stelle wird jedoch weder PDCA noch Kanban weiter ausgeführt.

Hierzu können Sie weitere Informationen im Quellen- und Literaturverzeichnis unter der Nummer [15] nachlesen.

Ist es notwendig oder sogar verpflichtend, ein Unternehmen zu beauftragen?

Es kann sein, dass von Behörden eine Auflage erteilt wird, einen Berater oder auch einen Verwalter zu beauftragen. Es kann auch vorkommen, dass ein solcher auch vom Amt gestellt wird. Dies sind jedoch seltene Fälle. In der Regel besteht jedoch keinerlei Verpflichtung, einen Berater oder Verwalter zu beauftragen.

Sie können selbst mit Ihrem Vermögen machen, was Sie wollen. Allerdings ist es empfehlenswert, Beratungen und Informationsveranstaltungen in Anspruch zu nehmen, damit Sie über mögliche Risiken und ggf. Voraussetzungen für z. B. den Erhalt von staatlichen Zulagen informiert werden. Denn häufig stehen solche detaillierten Informationen nicht im Internet oder in Informationsbroschüren und bedürfen somit einer Beratung durch Experten. Außerdem bestehen häufig auch weitere Möglichkeiten z. B. an bestimmte Anlagen oder an speziell subventionierte Spar- oder Kreditverträge zu gelangen. Diese sind in der Regel nicht veröffentlicht, sondern stehen den eigenen Beratern zur Verfügung.

FINANZBERATER UND VERMÖGENSVERWALTER

Es gibt verschiedene Berufe auf der Welt, Finanzberater und Vermögensverwalter sind mögliche davon. Dieser Berufszweig zählt zu den Finanzdienstleistungen und gehört nicht zu den zulassungspflichtigen

Berufen, wie z. B. der KFZ- Mechatroniker oder der Friseur. Bei diesen zulassungspflichtigen Berufen wie im Handwerk gilt der Zwang zum Meisterbrief, um sich selbstständig zu machen. Bei Finanzberatern und Verwaltern besteht dieser Zwang nicht. Daher können sich viele Menschen als solche bezeichnen. Es bestehen allerdings nur bei der staatlichen Zulassung strenge Auflagen sowie Kontrollen. In diesem Kapitel erfahren Sie den Unterschied zwischen Beratern und Verwaltern und eine Empfehlung, wann ein Verwalter beauftragt werden sollte.

Was ist der Unterschied zwischen Berater und Verwalter?

Ein Berater ist häufig einer Institution oder einer Bank angegliedert. Er berät Menschen auf deren Nachfrage. Berater sind in vielen Gebieten tätig. Diese können z. B. im Rahmen von Versicherungen, aber auch im Rahmen von Bankgeschäften erfolgen.

Verwalter agieren dagegen häufig selbstständig. Sie haben ein eigenes Unternehmen und sie agieren z. B. im Rahmen von Hausverwaltungen oder im Rahmen von Vermögensverwaltungen. Die Verwalter agieren demnach eigenständig im Auftrag einer anderen Person. Im Beispiel einer Hausverwaltung ist es so, dass ein Eigentümer oder ein Eigentümerkomplex eine Hausverwaltung mit der Verwaltung ihrer Immobilie beauftragt. Der Verwalter ist dann für die Durchsetzung des Willens der Eigentümerschaft verpflichtet. Er agiert im Auftrag und führt somit die Reparaturen und Modernisierungsaufgaben durch, die die Eigentümer im Rahmen einer Versammlung beschlossen haben.

Verwaltende Aufgaben sind kostenpflichtig. Wenn z. B. ein Eigentümer eine Hausverwaltung mit der Mietverwaltung und der Objektverwaltung beauftragt, so ist er verpflichtet, der Verwaltung dies entsprechend der getroffenen Abmachung zu entlohnen. Diese Entlohnung darf der Vermieter jedoch nicht auf seine Mieter im Rahmen von Nebenkostenabrechnungen abwälzen, sondern hat sie selbst zu tragen.

Wann sollte eine Beratung erfolgen?

Berater kommen dann zum Einsatz, wenn eine Person ein bestimmtes Anliegen oder ein Problem hat. Die Beratung kann demnach vielfältig sein bzw. in vielen Bereichen stattfinden. Beratungen im finanziellen Sektor führen häufig Berater in einer Bank durch. Hier können Sparverträge eröffnet und besprochen werden. Versicherungsberater beraten, wie der Name bereits sagt, bei Fragen rund um Versicherungen. Immobilienmakler haben ebenfalls eine beratende Funktion, wenn Sie eine Immobilie kaufen oder verkaufen wollen. Hier können Kaufs- und Verkaufsaufträge erteilt werden. Immobilienmakler agieren teilweise selbstständig, indem sie für den Verkäufer die Immobilie inserieren und mit potenziellen Käufern Besichtigungen vereinbaren und durchführen.

Beratungen können somit jederzeit in Anspruch genommen werden. Diese sind im Rahmen von Geschäftsverhältnissen oder Kundenbeziehungen kostenfrei. Die Inanspruchnahme von Beratungen kann auf einen Vertragsabschluss zielen und steht demnach in direktem Interesse der Berater, da sie entsprechend auf Honorarbasis angestellt sind und bei jedem abgeschlossenen Vertrag eine Prämie erhalten.

Wann sollte ein Verwalter beauftragt werden?

Ein Verwalter oder eine Verwaltung wird immer dann beauftragt, wenn jemand verwaltende Aufgaben nicht selbst übernehmen möchte. Das bedeutet, wenn jemand z. B. die Mietverwaltung oder die Hausverwaltung nicht selbst vornehmen möchte oder kann, kann er die Aufgabe entsprechend weiter beauftragen. Gleiches ist z. B. im Rahmen von Vermögensverwaltungen denkbar; hier ist jedoch zu beachten, dass ein gutes Vertrags- und Vertrauensverhältnis bestehen sollte, damit entsprechend die Aufgaben der Beauftragung erledigt werden können.

Strategische Finanzplanung

Bei der Finanzplanung ist eine Strategie essenziell wichtig. Daher erfahren Sie in diesem Kapitel, wie Strategie definiert ist und die Bedeutung strategischer Planung. Außerdem wird eine Umsetzungsstrategie beispielhaft dargestellt und ausführlich erläutert. Im Detail finden Sie Antworten zu folgenden Fragestellungen und Themen in diesem Kapitel:

BEDEUTUNG STRATEGISCHER PLANUNG

Strategie ist in vielerlei Hinsicht ein wichtiges Instrument, um gewisse Aufgaben erfolgreich erledigen zu können. Die Strategie ist jedoch nicht mit Zielen zu verwechseln. Ziele sind Ankerpunkte im Leben, auf die hingearbeitet wird. Eine Strategie hingegen ist, wie der Weg zum Erreichen der Ziele beschritten wird. In diesem Kapitel erfahren Sie, was Strategie genau ist, wie sie entwickelt werden kann, welche Voraussetzungen zur strategischen Planung bestehen sowie zu guter Letzt, ob eine Strategie geändert bzw. gänzlich umgebaut werden kann.

Wie ist Strategie definiert und was bedeutet sie?

Strategie ist eine grundsätzliche und langfristige Verhaltensweise sowie die Maßnahmenkoordination in einer Unternehmung und deren relevanter Teilbereiche gegenüber der ihrer Umwelt zur Verwirklichung langfristiger Ziele [2, S. 3293]. Allerdings kommt Strategie nicht nur in Unternehmen vor, sondern auch in anderen Bereichen, wie z. B. in privaten Haushalten. Strategien werden häufig dann entwickelt, wenn langfristige Familienplanungen erstellt werden.

Hierbei geht es dann häufig um den Hausbau oder auch um Investitionen wie z. B. Renovierungen, aber auch bei Autokauf oder Ähnlichem. Eine Strategie sollte jedoch auch bei finanziellen Investitionen erstellt werden, gerade im Hinblick auf Interessen, Familiensituation und finanziellen Höhen und Tiefen. Das soll bedeuten, dass eine Strategie immer auf der aktuellen Grundlage mit Weitblick erfolgen sollte.

Gerade beim Weitblick ist es oft schwer, denn gewisse Situationen sind nicht planbar. Vor allem unberechenbare Situationen wie z. B. Unfall oder Krankheit sind große Themen, die zwar bedacht, aber nicht berechnet werden können. In der Strategie wird z. B. der grobe Weg definiert und eine grobe Planung erstellt. Daraus leiten sich anschließend die fern-, mittel- und kurzfristigen Ziele ab. Innerhalb dieser Ziele gilt es, auch die finanziellen Ziele zu definieren. Geldanlagen bedürfen oft einer strategischen Planung, die eine Richtung vorgibt. Das bedeutet, dass neben den Zielen auch eine klare Strategie für das zu investierende Kapital entwickelt wird. Denn ohne eine Strategie wird die Verfolgung eines Ziels schwierig. Als Beispiel kann es sein, dass eine Familie ein Eigenheim haben möchte. Die Strategie, wie sie zu diesem Eigenheim kommt, hilft der Familie, ihrem Ziel näherzukommen.

Kann jeder selbst eine Strategie für sich entwickeln?

Die Entwicklung einer Strategie erfolgt nicht, wie häufig vermutet, mit einem Blatt Papier und einem Stift. Häufig wird die Strategie so definiert, dass unterbewusst mehrere kleine Ziele gesteckt werden, um so dem großen Ziel näherzukommen. Im Beispiel des Eigenheims kann z. B. die Erlangung der Voraussetzungen für den Bezug eines Eigenheims als kleines Ziel definiert werden. Hierbei können folgende Voraussetzungen für ein Eigenheim bestehen:

- Monatliches Budget, damit die monatlichen Zahlungen getragen werden können
- Eigenkapital, damit die Kredithöhe sich verringert und dadurch der Kreditbedarf
- Wenige oder keine weiteren Kredite, die monatlich zu bedienen sind
- Keine negativen SCHUFA-Einträge.

Häufig gibt es noch weitere Voraussetzungen, um ein Eigenheim zu besitzen. An diesen aufgeführten Punkten scheitern oft viele, denn oft werden einige Konsumentenkredite aufgenommen oder auch andere Schulden eingegangen. Diese Schulden stehen dann häufig als Hindernis für den Traum Eigenheim. Auch das monatliche Budget ist häufig ein großes

Problem, da die Preise steigen und somit die Zahlungen scheinbar endlos sind. Daher ist es wichtig, dass die Strategie bereits lange Zeit vorher gelegt wird. Dies kann z. B. durch Erziehung oder auch durch Freundschaften, aber auch durch den eigenen Traum erfolgen. Aber auch schlechte Erfahrungen aus der Kindheit können solche Strategien und Ziele definieren.

Wie wird strategisch geplant, was sind hierzu die Voraussetzungen?

Jeder Mensch hat Träume, was er erreichen möchte bzw. was er haben möchte. Viele dieser Träume sind nicht realistisch. Allerdings können einige Träume z. B. durch festes Daraufhin-Arbeiten verwirklicht werden. Hierzu kann z. B. die Aufnahme einer privaten Vermögensanlage als Entscheidungs- und Steuerungshilfe für eine gezielte Finanzplanung herangezogen werden. Nachdem die Ist-Aufnahme des Bruttogesamtvermögens abgeschlossen ist, kann die Soll-Planung vorgenommen werden.

Dabei empfiehlt sich eine kurz-, mittel- und langfristige Planung unter Berücksichtigung des vorhandenen Vermögens, der persönlichen Risikopräferenz und der angestrebten Ziele [6, S. 22]. Das soll bedeuten, dass folgende Voraussetzungen für eine erfolgreiche Entwicklung einer Strategie vorhanden sind:

- Es sollte ein Vermögen vorhanden sein, kein Schuldenberg.
- Sie sollten in der Lage sein, Ihr Vermögen zu überblicken.
- Sie sollten ein geregeltes Einkommen haben.
- Neben den festen Ausgaben sollten auch Rücklagen für größere Anschaffungen gebildet werden, z. B. Waschmaschine, Reparaturen für das Auto etc.
- Die variablen Ausgaben sollten Sie ebenfalls im Blick haben.

- Aus dieser Rechnung leitet sich das „überschüssige" Kapital ab, das entsprechend eingesetzt werden kann.

Doch dies ist nur eine Seite der Strategie. Hiermit können Sie überblicken, welche Mittel Ihnen zur Verfügung stehen, allerdings haben Sie noch keine Strategie entwickelt, wie Sie Ihre Mittel einsetzen werden bzw. wollen. Hierzu benötigen Sie noch Ihre Risikobereitschaft sowie die daraus resultierenden Anlagenformen. Mit Definition der Anlageformen kommen die entsprechenden Tools, also die Werkzeuge, zusammen, die Sie zum Handel der Anlageformen benötigen.

Hierzu ist es häufig so, dass viele Menschen direkt bei ihrer Hausbank nach dem Zugriff zum Broker anfragen und diesen ggf. nach einer ersten Beratung auch erhalten. Doch hier ist extreme Vorsicht geboten, doch dies wurde bereits beschrieben. Es gibt auch einige Broker, die nicht die Hausbank anbietet. Hier ist ebenfalls Vorsicht geboten, da nicht immer klar ist, wie sich die Kosten zusammensetzen. Denn Kosten fressen buchstäblich die Rendite und Ihr Ziel ist es ja, Rendite mit Ihrem Geld zu erwirtschaften und diese nicht in Kosten für Dritte zu verschwenden.

Kann eine erstellte Strategie im Nachhinein geändert werden?

„Der Weg ist das Ziel", heißt es häufig. Das bedeutet, je nachdem, welchen Weg Sie einschlagen, können Sie schneller oder langsamer Ihrem Ziel näherkommen. So ist das auch bei der Strategie. Grundsätzlich kann eine Strategie im Nachhinein geändert werden, ja. Allerdings sind einige Dinge hierbei zu beachten: Wenn erst einmal eine Strategie aufgesetzt wurde, bedeutet es, dass eine Planung durchgeführt wurde und Sie sich darüber Gedanken gemacht haben. Eine nachträgliche Änderung sollte ebenfalls gut durchdacht werden. Hierbei spielen die aktuellen Situationen bzw. die Gegebenheit eine große Rolle.

Gründe für eine Anpassung der Strategie können z. B. sich plötzlich ändernde Lebenssituationen sein. Hieraus ist entsprechend die neue, beste Strategie zu definieren. Allerdings sollte eine Änderung der Strategie nicht daraus resultieren, weil Sie gerade eine Tiefphase durchleben. Höhen und Tiefen wird es immer im Leben geben. Allerdings müssen Sie sich immer im Klaren sein, was für Konsequenzen daraus entstehen. Schließlich haben Sie einen Traum, den Sie verwirklichen wollen. Daher sollten Sie sich immer die Frage stellen: „Ist die aktuelle Situation so tragisch bzw. so wertvoll, dass ich mein Traum dafür aufgebe?“ Solche Entscheidungen sollten Sie nie von jetzt auf gleich machen, sondern immer gut überlegt treffen. Vielleicht können Sie sogar die neue Phase so mit Ihrem Traum verknüpfen, dass Sie dennoch Ihre Strategie weiter verfolgen können, Sie allerdings eine kleine Umleitung beschreiten müssen.

AUFBAU EINER UMSETZUNGSSTRATEGIE

Eine Strategie ist wie bereits beschrieben eine persönliche Vorgehensweise für die Umsetzung eines Traumes oder um zu einem Ziel zu gelangen. Daher wird im folgenden Kapitel der Aufbau einer möglichen Umsetzungsstrategie aufgezeigt. Bitte beachten Sie jedoch, dass diese Strategie beispielhaft dargestellt ist. Gleichwohl die Strategie durch die Strategie des Autors abgeleitet wurde, kann sie nicht als verbindliches „Maß der Dinge“ angesehen werden.

Bitte beachten Sie bei der Anwendung der nachfolgend formulierten Strategie, diese nach Ihren Bedürfnissen jeweils anzupassen. Hierbei können sich einzelne Teile der Strategie erweitern, aber auch einzelne Teile wegfallen. Denken Sie immer bei der Definition einer Strategie auf Weitsichtigkeit und denken Sie auch an die schlimmsten Dinge, die evtl. durch Ihren Job oder Ihre Hobbys eintreten können. Nur dadurch können Sie angemessen auf Risiken reagieren und ggf. Sicherheiten definieren.

Im Anhang dieses Ratgebers finden Sie die „Anlage 3: Visualisierter Strategieprozess“. In dieser Anlage finden Sie nachfolgende Punkte visualisiert dargestellt. Die Visualisierung bietet den Vorteil, dass die einzelnen Schritte und deren Abhängigkeiten einfacher zu verstehen und somit leichter nachvollziehbar sind.

Analyse der persönlichen Situation

Im ersten Schritt geht es darum, die eigene, persönliche Situation zu eruieren. Hierzu benötigen Sie sämtliche Einkünfte und Zahlungsverpflichtungen. Diese Zahlen können Sie am einfachsten in einem Tabellen-kalkulationsprogramm erfassen. Dabei erfassen Sie sämtliche Einnahmen; das sind Mieteinnahmen, Renten, Löhne, Gehälter, Unterhalt, usw. – auch, wenn es ein kleiner Betrag ist und Sie diesen zuerst nicht als signifikant ansehen. Wichtig ist das Merkmal der Regelmäßigkeit. Wenn Sie „manchmal irgendetwas“ erhalten, ist dies nicht signifikant, da es das Merkmal der Regelmäßigkeit nicht erfüllt.

Dem gegenüber stellen Sie sämtliche Ausgaben, die ebenfalls regelmäßig zu bedienen sind. Dies sind Mieten, Steuern, Unterhalt, Nebenkosten, Telefon, Mobilfunk, Pay-TV, Kredite, usw. Vergessen Sie hierbei auch nicht die jährlichen Zahlungen von Versicherungen, Steuern usw. Diese sollten immer bedacht werden, damit genügend Mittel verfügbar sind, um diese bezahlen zu können.

An dieser Stelle noch ein Hinweis: Es kann sein, dass Ihr Onlinebanking eine Analyse des vergangenen Jahres erstellen kann. Volks- und Raiffeisenbanken sowie Sparkassen sind hier durchaus in der Lage, eine solche Übersicht aus dem Onlinebanking zu exportieren.

Dadurch sparen Sie sich die Arbeit, alles einzeln aufzulisten. Wenn Sie im Onlinebanking verschiedene Kategorien anlegen, sind Sie sogar in der Lage, Budgets anzulegen und so Ihre Finanzen fest im Griff zu haben. Da Sie mindestens zwei Konten haben: ein laufendes (Arbeits-) Konto, von dem jegliche Einkünfte und Zahlungen ein und aus gehen sowie ein Sparkonto. Auf diesem befinden sich Ihre Rücklagen. Diese Rücklagen sind so definiert, dass Sie zahlungsfähig bleiben, auch dann, wenn größere Geldbeträge benötigt werden. Natürlich sind auch hier Grenzen gesetzt, aber Sie sollten immer über Reserven verfügen, damit Unvorhergesehenes nicht sofort in einem Kredit endet.

Bei Ihrer Berechnung sollten Sie auch variable Kosten wie z. B. Ihren Lebensunterhalt (Kleidung, Essen und Trinken) sowie einige Luxusgüter wie Dekoration usw. im Haushalt einplanen. Hierbei empfiehlt sich die Bezahlung mit der Kontokarte, dadurch ist einfach und sicher alles protokolliert und Sie erhalten die Übersicht am Ende des Jahres. Persönliche Situationen leiten sich auch noch von weiteren Faktoren ab, wie z. B. der persönlichen Familienstruktur, d. h. ob Sie einen Partner haben und Kinder geplant bzw. gewünscht sind. All diese Faktoren werden übersichtlich dargestellt, laufend korrigiert und erweitert, sodass ein bestmöglicher Überblick gewährleistet ist.

Analyse Weltmarktsituation

Bei der Analyse der Situation auf dem Weltmarkt werden Sie merken, dass dies nicht immer einfach ist. Viel mehr, dass Sie nicht zu den Informationen gelangen werden, die Sie sich erhoffen. Dies hat zwei Gründe:

1. Diese Form der Analyse wird durch bestimmte Analyse- und Ratingagenturen durchgeführt, sodass Sie an dessen Einschätzungen nur schwer gelangen. Auch, wenn Sie drankommen, werden Sie wohl kaum Zeit und Lust haben, sich seitenweise Text anzuschauen.

2. Solche Analysen sind häufig kostenpflichtig, da sie sehr aufwendig in der Erstellung sind. Daher ist es empfehlenswert, sich nicht die

kostenpflichtigen, langen Analysen zu beziehen, sondern die Bewertungen innerhalb von Factsheets beim Broker anzuschauen. Diese sind zusammengefasst und verständlich dargestellt.

Es ist so, dass Sie nicht den kompletten Analysebericht einer einzelnen Anlageform kennen möchten, sondern eine mögliche Entwicklung auf dem Weltmarkt. Daher ergibt es Sinn, sich mehrere kleine Zusammenfassungen einzelner Bewertungen anzuschauen.

Das Unternehmen, in das Sie investieren möchten, sollten Sie ebenfalls genauer anschauen. Entspricht das Unternehmen Ihren Vorstellungen? Können Sie sich mit dem Unternehmen identifizieren? Wie agiert das Unternehmen? Welche Konkurrenz besteht auf dem Weltmarkt und wie sieht die Vergangenheit aus?

Hier ein Wort der Vorsicht: Wie so oft erwähnt, bietet die Vergangenheit keine Gewissheit über die Zukunft. In der Zukunft können sich die Werte nach oben oder auch nach unten verändern. Daher ist die Vergangenheit ein mögliches Indiz, aber nie eine Sicherheit!

Definition Risikobereitschaft
Im Block der Risikobereitschaft definieren Sie buchstäblich, wie weit Sie mit Ihren Investitionen gehen wollen und wo Ihre Grenzen sind. Es empfiehlt sich bei diesem Punkt, genaue Grenzen abzustecken und nicht optimistisch zu sein. Eine gesunde Skepsis sollten Sie bei diesem Punkt an den Tag legen. Hierbei sollten Sie alle möglichen Szenarien bedenken, denen Sie ausgesetzt werden könnten:

- Wegfall Einkommen
- Situation auf dem Weltmarkt
- Persönliche Ungewissheiten z. B. Krankheit.

Außerdem sollten Sie das ausgemachte Risiko bewerten und anschließend dieses Risiko bestmöglich absichern. Dies können Sie z. B. mit verschiedenen Programmen, aber auch durch eine Reihe verschiedener Versicherungen machen. Allerdings sollten Sie nur dann zur Versicherung greifen, wenn das Risiko unerträglich ist bzw. sich keine andere Möglichkeit ergibt.

Dies wird ganz einfach begründet: Versicherungen kosten Geld; Geld, das Sie regelmäßig aufzubringen haben. Sie wollen Geld wegen der Rendite anlegen und nicht, um verschiedene Versicherungsgesellschaften damit zu unterhalten. Daher gilt hier der Grundsatz: so wenig wie möglich und so viel wie nötig.

Definition Anlagemittel

Die Anlagemittel werden auf Basis der vorhergehenden Analysen ausgesucht und definiert. Dabei sollten Sie die beschriebenen Formen sowie ihre Vor- und Nachteile kennen. Darauf aufbauend definieren Sie Ihre notwendigen Werkzeuge wie z. B. Onlinezugänge und Ablageformen. Hier legen Sie wie beschrieben Ihre Unterlagen und sämtliche Informationen, die Sie gesammelt haben, ab. Es ist eine einfache und strukturierte Ablage empfehlenswert, damit Sie das Wissen und die Erfahrungen niederschreiben und archivieren können. Denn in einigen Jahren könnten Sie genau dieses Wissen suchen. Ein erfolgreiches Wissensmanagement kann Sie vor „Vergessenheit“ bewahren. Achten Sie jedoch hierbei darauf, dass Sie immer auf Datensicherheit und Verfügbarkeit Wert legen. Denn es nützt Ihnen nichts, wenn Sie alles schön dokumentieren, dann Ihr Speichermedium kaputt ist und Sie an das aufgezeichnete Wissen nicht mehr gelangen können. Daher bietet sich immer eine Cloudlösung oder noch besser eine eigene Netzwerkspeicher-Lösung an.

Definition laufendes Controlling

Im laufenden Controlling schauen Sie sich in unregelmäßigen und regelmäßigen Zeitabständen Ihre Anlagen an und bewerten diese:

- Entsprechen sie meinen Vorstellungen?
- Entsprechen sie meinen Risiken?
- Entsprechen sie meinen Möglichkeiten?
- Überschreiten sie meine Sicherheiten?

Falls dies nicht erfüllt ist, können die Anlagen weiter fortbestehen bzw. im Rahmen von Ansparplänen weiter bezogen werden. Laufendes Controlling bewegt Sie auch dazu, sich mit den Anlageformen auseinanderzusetzen und sich über diese zu informieren.

Hierdurch bleiben Sie stets auf dem neuesten Stand der Dinge und können somit Ihre Finanzen kompetent bewerten. Vergessen Sie hierbei nicht, ein bewusstes Maß an Skepsis walten zu lassen. Schauen Sie sich die Anlageformen nicht „durch die Blume" an, sondern seien Sie ehrlich und beenden Sie schnellstmöglich Investitionen, sollten Sie „ein flaues Gefühl im Magen" haben. Denn Controlling nützt nichts, wenn Sie sich das Beste einreden und hinterher alles verlieren.

Definition Maßnahmen bei Eintritt von Risiken

Ebenso wie Risiken zu definieren, sollten Sie auch Maßnahmen definieren, die besagen, was zu tun ist, wenn Risiken eintreten. Das bedeutet, dass Sie sich möglichst vorab Gedanken machen sollten, wie Sie Risiken minimieren oder gänzlich abwenden. Allerdings nützt es Ihnen nichts, wenn Sie die Risiken kennen. Sie brauchen einen buchstäblichen „Plan B", wenn ein ausgemachtes Risiko eintreten sollte. Hierzu gibt es verschiedene Möglichkeiten, die bereits beschrieben wurden. Jedenfalls sollten Sie nach dem Eintritt des Risikos eine Kurskorrektur in

Erwägung ziehen. Das bedeutet, dass Sie Ihre Anlagen überprüfen. Liegt z. B. ein Problem in der Branche vor?

Ist es ein Problem des Unternehmens? Sind weitere Anlagen betroffen? Das sind alles Fragen, die Sie sich stellen sollten, wenn ein Risiko zum Unternehmen eingetreten ist oder voraussichtlich eintreten wird. Solche Fragen können Sie sich auch für alle weiteren definierten Risiken wie z. B. persönliche Veränderungen ableiten, wenn ein Kind erwartet wird. Hier kommen weitaus mehr Risiken hinzu, außerdem kommen auch weitere Kosten auf Sie zu, die es unter Umständen nicht erlauben, Ihre bisherigen Anlagegewohnheiten fortzuführen.

Daher ist es wichtig, in solchen Situationen Korrekturen vorzunehmen. Allerdings sollten Sie Korrekturen nur so weit vornehmen, dass Sie nicht gänzlich ins Negative gehen. Je nach eintretendem Risiko ist es nicht unbedingt notwendig, komplette Anlageformen zu kündigen.

Verzeichnisse

ABKÜRZUNGSVERZEICHNIS

ARIS	Architektur integrierter Informationssysteme
EPK	Ereignisgesteuerte Prozesskette
Leistungsempfänger	Empfänger von Arbeitslosengeld und Sozialhilfe
PDCA	Plan-Do-Check-Act
z. B.	Zum Beispiel

TABELLEN- UND FORMELVERZEICHNIS

QUELLEN- UND LITERATURVERZEICHNIS

[1] Durch den Autor erstellte Medien, „Selbst erstelltes Bild, Tabelle, Dokument, Zeichnung, Grafik. Das Medium mit dieser Kennzeichnung wurde mithilfe verschiedener Computerprogramme und eigenem Wissen des Autors hergestellt." Eigenerstellung, kein Verlag.

[2] Gabler Wirtschaftslexikon, *Wirtschaftslexikon*, 19. Wiesbaden: Springer Gabler, 2018.

[3] „Stadtportal Nürnberg". https://www.nuernberg.de/internet/stadtportal/index.html (zugegriffen Nov. 14, 2020).

[4] D. Noosten, *Die private Bau- und Immobilienfinanzierung*. Wiesbaden: Springer Fachmedien, 2015.

[5] K. H. Lindmayer, Hrsg., *Geldanlage und Steuer 2007*. Karlsruhe: Gabler, 2006.

[6] K.-H. Lindmayer und H.-U. Dietz, *Geldanlage und Steuer 2014 - Kurs halten und erfolgreich investieren*. Karlsruhe / Glattbach: Springer Gabler, 2013.

[7] „ELSTER (Startseite)". https://www.elster.de/eportal/start (zugegriffen Nov. 21, 2020).

[8] H. Laux, R. M. Gillenkirch, und H. Y. Schenk-Mathes, *Entscheidungstheorie*, 9. Frankfurt am Main: Springer Gabler, 2014.

[9] „Stromnetz: Der Strom tickt nicht richtig | ZEIT ONLINE". https://www.zeit.de/wirtschaft/2018-03/stromnetz-netzfrequenz-uhren-europa-kosovo-serbien-einspeisung?utm_referrer=https%3A%2F%2Fwww.google.com%2F (zugegriffen Nov. 28, 2020).

[10] M. Burghardt, *Projektmanagement: Leitfaden für die Planung, Überwachung und Steuerung von Projekten*, 10. Aufl. München: Publicis Picelverlag, 2017.

[11] H. Seidlmeier, *Prozessmodellierung mit ARIS*, 2. Aufl. Wiesbaden: Friedr. Vieweg & Sohn Verlag | GWV Fachverlage GmbH, 2006.

[12] A. C. www.ariscommunity.com, „5-PART CASE STUDY @ FRANKFURT AIRPORT", *Business process management discussions, news and articles | ARIS BPM Community*, 2016. https://s3-eu-west-1.amazonaws.com/arisexpress/community2/documents/urelation/fraport_control_questions.pdf (zugegriffen Dez. 31, 2019).

[13] H. Seidlmeier, *Prozessmodellierung mit ARIS®: Eine beispielorientierte Einführung für Studium und Praxis in ARIS 9*, 4. Wiesbaden: Springer Fachmedien Wiesbaden, 2015.

[14] „ARIS Express - Free Modeling Software | ARIS BPM Community". https://www.ariscommunity.com/aris-express (zugegriffen Dez. 01, 2020).

[15] www.kanbanize.com/, „Was ist der Plan-Do-Check-Act-Zyklus?", *Was ist Kanban?* https://kanbanize.com/de/lean-management-de/verbesserung/was-ist-pdca-zyklus (zugegriffen Sep. 02, 2020).

Anlagen zum Buch

Die Anlagen zum Buch verdeutlichen detailliert verschiedene Sachverhalte und sollen dem Leser vertiefende Informationen zu ausgewählten Inhalten veranschaulichen. Diese Anlagen sind alle durch den Autor erstellt und sind beispielhaft aufgeführt.

Alle Anlagen können unter der Angabe des vorliegenden Buches verwendet und erweitert bzw. gekürzt werden. Die Anlagen stellen keine einheitliche Beratung oder Ähnliches dar. Diese sollen viel mehr als eine Art Leitfaden für den Anwender bzw. Leser dieses Buches dienen und haben keinerlei Verbindlichkeit. Folgende Anlagen sind vorhanden:

ANLAGE 1: BEURTEILUNGSKRITERIEN

1. Persönliche Recherche (Grundlage für die Bewertungskriterien)
   - Monatliche Einnahmen Summe
     - Mieteinnahmen
     - Lohn / Gehalt
     - Nebenjob(s)
     - Unterhalt
   - Monatliche Ausgaben Summe
     - Miete
     - Nebenkosten (Strom, Wasser, Steuer, Telefon, Mobilfunk, TV

etc.)
  - Unterhaltszahlungen
  - Kredit Wohnung(en)
  - Kredit Sonstige
  - Essen + Trinken
  - Bekleidung
  - Sonstiges
- Monatliche Rückstellungen
  - Sparbeträge (Konto)
  - Sparbeträge (Anlagen)
  - Wertpapiere

2. Festlegung der Bewertungskriterien (Grundlagen für die Anlagenrecherche)

- Finanzielle Anlagen
  - Höhe des Kapitals, das angelegt werden kann
  - Laufzeit der Anlagenform definieren, wann wird das Geld benötigt?
  - Zahlungssicherheit gewährleisten
  - Bereitschaft zur Höhe vom Risiko
  - Menge des Kapitals in den einzelnen Anlageformen
  - Möglichst viele verschiedene Anlageformen nutzen und aufteilen
  - Regelmäßige Gewinnausschüttung / Beteiligung am Unternehmenserfolg
  - Steuerbegünstigungen abklären / ausnutzen
  - Vorzeitiger Bezug, welche Konditionen gelten?
  - Steuerschuld bei Auszahlung abwägen
- Materielle Anlagen
  - Finanzierung
  - Lagerplatz / Unterbringung

  - Dauer der Finanzierung
  - Tragbarkeit der Finanzierung
  - Einnahmen z. B. Miete
  - Abwägung des persönlichen Aufwandes z. B. Verwaltung der Mieter
  - Steuerschuld
  - Lage, Ruf und Ansehen
  - Warum steht die Anlage zum Kauf, ggf. Gutachter bestellen?

- Persönliche Kriterien zur Bewertung
  - Kann ich mich persönlich mit der geplanten Anlage identifizieren?
  - Habe ich die Zeit, mich damit zu beschäftigen?
  - Habe ich großen Aufwand, um mich mit der Anlage vertraut zu machen?
  - Benötige ich externe Hilfe und was kostet diese?
  - Beratungsfunktion: Fühle ich mich aufgehoben oder eher unsicher?
  - Thema Nachhaltigkeit: Setze ich darauf, ist mir das wichtig, warum?

3. Anlagen-Recherche (Grundlage für die Investitionsentscheidung)
   - Welche Anlagenform interessiert mich (siehe Tabelle 6 auf Seite 30)?
     - Wie lange habe ich Erfahrungen in der gewünschten Anlageform?
     - Wie ist die Anlagenform aufgebaut?
     - Wie ist die Laufzeit der Anlage?
     - Entspricht die Anlagenform meinen Verhältnissen?
     - Bestehen Beschränkungen oder sonstige Voraussetzungen?
   - Wie ist das Unternehmen der Anlageform aufgebaut?

   - Schachtel-Unternehmen, dessen Struktur schwer nachvollziehbar ist?
   - Verstehe ich den Sinn des Unternehmens?
   - Kann ich die Investitionen des Unternehmens nachvollziehen?
   - Könnte ich mir vorstellen, bei dem Unternehmen zu arbeiten?

- Wie ist das Risiko der Anlagenform aufgebaut?
   - Entspricht das Risiko der Anlagenform meinen Vorstellungen?
   - Ist das Risiko (für mich) nachvollziehbar bewertet?
   - Wie könnte ich das Risiko minimieren bzw. erträglicher gestalten?

4. Entscheidung der Investition (Kaufentscheidung):
   - Auswertung persönliche Situation
      - Habe ich ausreichende Mittel zur Verfügung?
      - Übersteigen monatliche Zahlungen meine Möglichkeiten?
      - Muss ich mich wesentlich in meiner bisherigen Weise einschränken?
   - Auswertung Bewertungskriterien
      - Entspricht die Anlagenform meinen Kriterien?
      - Wie viel Kompromisse bin ich eingegangen?
      - Sind diese Kompromisse realistisch?
      - Habe ich die Kriterien mit einer kritischen Distanz bewertet?
   - Auswertung Anlageninformationen
      - Passt die Anlage zu mir?
      - Kenne ich mich damit aus, kommen neue Herausforderungen auf mich zu?
      - Komme ich damit klar oder benötige ich (kostenpflichtige) Unterstützung?

- Habe ich einen Plan B, wenn aus dem aktuellen Geschäft nichts wird?
- Habe ich an alles gedacht?
- Kann ich mein Vorgehen perfektionieren / erweitern?

Sie sollten diese Kriterien für sich bearbeiten und weiter erarbeiten. Sie werden sehen: Je mehr Sie sich mit diesem Thema beschäftigen, desto mehr werden Sie Kriterien entwickeln und Ihre Entscheidungen von Mal zu Mal konkretisieren und perfektionieren.

Sie werden merken, dass keine Anlagenform der anderen gleicht und somit immer eine individuelle Beurteilung notwendig ist. Wichtig hierbei ist immer eine kritische Bewertung mit Distanz. Dies gewährleistet, dass Sie keine „emotionale Nähe" mit der Anlage aufbauen und dies gewährleistet wiederum, dass Sie objektiv bleiben, denn nur mit Ihrer Objektivität können Sie bewerten, ob die Anlagenform für Sie tragbar ist.

Die emotionale Nähe zu einer Anlage kann zu einer Art Betriebsblindheit führen, die Sie dazu verleiten kann, auch bei negativen Aspekten die Anlageform weiter zu halten und so ins Negative zu rutschen. Lassen Sie sich Zeit bei der Auswahl von gänzlich neuen Anlageformen und von grundsätzlichen Entscheidungen. Schlafen Sie darüber und sprechen Sie ggf. mit Ihrem Partner oder Ihrer Familie, holen Sie sich die Unterstützung. Sollten Sie auf der „Beweisschiene" unterwegs sein, sollten Sie mit kleinen Schritten beginnen und nicht „alles oder nichts" setzen. Diese Checkliste ist ein Beispiel und sollte individuell dem Anwender und der Anlagenform angepasst werden.

ANLAGE 2: BEISPIELE BEI VERLUST UND TOTAL-VERLUST

1. Anlage
    - Verlust
        - Temporäre „rote Zahlen"
        - Temporär keine Gewinnausschüttung
        - Temporär keine Zuschüsse
        - Temporär keine Beteiligung

    - Totalverlust
        - Insolvenz des Anbieters
        - Übermäßige und falsche Einschätzung

2. Persönliches Vermögen
    - Verlust
        - Temporäre Überlast an Zahlungen
        - Unvorhersehbare Ereignisse
        - Hohe Steuerlast im laufenden Jahr
        - Krankheit
        - Gutmütigkeit und Hilfsbereitschaft (führt zur Ausnutzung)

    - Totalverlust
        - Zahlungsunfähigkeit
        - Pfändungen
        - Gerichtsvollzug
        - Insolvenz
        - Tod

3. Ansehen in Familie / Freunde
    - Verlust

    - Bereitschaft zur Aushilfe
    - Tipps und Beratungen
    - Imponieren und „Ich habe"-Gespräche (führt zu Eifersucht und Neid)

- Totalverlust
    - Abwendung

ANLAGE 3: VISUALISIERTER STRATEGIEPROZESS

Die nachfolgende Grafik veranschaulicht eine mögliche Strategie zur Definition und laufender Kontrolle von Anlageformen. Die Formen haben folgende Bedeutungen:

- Orange: Entscheidungsprozess, mit nachgelagerten Prozessen, Risiken und Tätigkeiten
- Grau: Prozessschritt mit nachgelagerten Tätigkeiten
- Grün: Tätigkeiten
- Rot: Risiken

Strategieprozess in visualisierter Form. Erstellt mit ARIS Express 2.4 d [1]

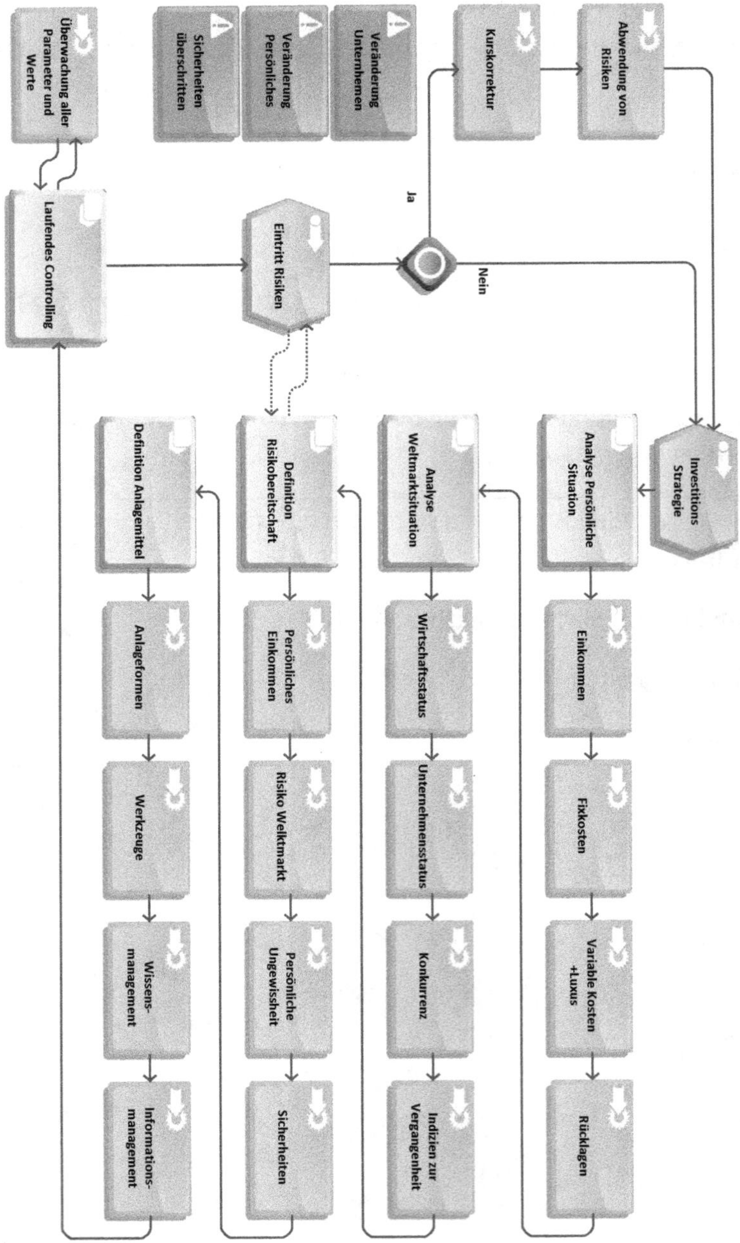

Es ist deutlich zu sehen, dass es drei verschiedene Pfade gibt. Zum einen gibt es den normalen Handlungsablauf. Dieser ist vertikal durch Prozessschritte sowie horizontal durch Tätigkeiten gekennzeichnet. Zum anderen gibt es den Pfad des Controllings.

Das Controlling fragt ab, ob ein Risiko eingetreten ist. Das Tätigkeitsfeld hier beschreibt die Überwachung der laufenden Anlagen und Ansparpläne. Das bedeutet, dass diese einer regelmäßigen Prüfung durch Sie unterliegen sollten. Dabei sollten Sie sich immer fragen, ob die Anlage für Sie noch haltbar ist und wenn ja, wie lange voraussichtlich. Insofern das Controlling Entwarnung gibt, also keine Gefahr von der Anlage hervorgeht oder dies derzeit unbekannt ist, läuft der Prozess einfach weiter. Insofern ein Risiko eingetreten ist (Pfad drei), wird eine Kurskorrektur sowie die Abwendung des Risikos unverzüglich eingeleitet.

Bei der Kurskorrektur sollten Sie jedoch immer die Zweckdienlichkeit beachten und eine gewisse Skepsis an den Tag legen. Eine mögliche Kurskorrektur soll auch durch die gepunkteten Linien zwischen „Definition Risikobereitschaft“ sowie „Eintritt Risiko“ verdeutlichen. Damit ist gewährleistet, dass nicht der komplette Prozess durchgespielt wird, sondern bei Eintritt eines Risikos sofort eingeschritten werden kann. Oberste Priorität hat hierbei die Abwendung des Risikos. In diesem Rahmen sollten auch immer die bestehenden Anlagen überprüft werden. Schließlich kann es sich auch um ein Branchenproblem handeln und ggf. weitere Anlagen gefährdet sein. Hierzu empfiehlt es sich, dringend die Bewertungen auf dem Markt zu erfassen und eine entsprechende Entscheidung zu fällen.

Das vorliegende Buch besteht nicht nur aus einer reinen Literaturrecherche, sondern zeigt aus Erfahrungen an, was es bedeutet, mit verschiedenen Anlageformen Geld zu erwirtschaften und so ein zweites Standbein aufzubauen.

Wir danken Ihnen für Ihr Interesse und Ihr Vertrauen. Als Dankeschön dafür, haben wir eine besondere Überraschung. Sie interessieren sich für Investments? Dann haben wir etwas für Sie. Finden Sie heraus, warum sie so wichtig sind und was es zu beachten gibt. Das Beste: Sie erhalten diese vollkommen kostenlos. Das klingt wunderbar? Dann warten Sie nicht lange und holen Sie sich Ihr Gratis-Geschenk.

Hier geht es zu Ihrem Gratis-Geschenk:

https://forms.gle/aESYBcbhNREYXRu19

1. **Öffnen Sie die Kamera-App auf Ihrem Smartphone und richten Sie die Kamera auf den QR-Code.**
2. **Klicken Sie auf den Link, der Ihnen angezeigt wird und schon werden Sie zur Website weitergeleitet.**

Impressum

Verlag: Orbita Media Verlag GmbH & Co. KG / Ericusspitze 4 / 20457 Hamburg / Deutschland
Website: https://orbita-media.de
Cover Image: Shutterstock
ISBN: 9783989357143

Haftungsausschluss:
Die Nutzung dieses Buches und die Umsetzung der enthaltenen Informationen, Anleitungen und Strategien erfolgt auf eigenes Risiko. Der Autor kann für etwaige Schäden jeglicher Art aus keinem Rechtsgrund eine Haftung übernehmen. Haftungsansprüche gegen den Autor für Schäden materieller oder ideeller Art, die durch die Nutzung oder Nichtnutzung der Informationen bzw. durch die Nutzung fehlerhafter und/oder unvollständiger Informationen verursacht wurden, sind grundsätzlich ausgeschlossen. Rechts- und Schadenersatzansprüche sind daher ausgeschlossen. Dieses Werk wurde sorgfältig erarbeitet und niedergeschrieben. Der Autor übernimmt jedoch keinerlei Gewähr für die Aktualität, Vollständigkeit und Qualität der Informationen. Druckfehler und Falschinformationen können nicht vollständig ausgeschlossen werden. Es kann keine juristische Verantwortung sowie Haftung in irgendeiner Form für fehlerhafte Angaben vom Autor übernommen werden.

Die bereitgestellten Analysen, Vorschläge, Ideen, Meinungen, Kommentare und Texte sind ausschließlich zur Information bestimmt und können ein individuelles Beratungsgespräch nicht ersetzen. Alle Informationen dieses Buches entsprechen dem Kenntnisstand zum Zeitpunkt des Verfassens dieses Buches. Eine Haftung für mittelbare und unmittelbare Folgen aus den Informationen dieses Buches ist somit ausgeschlossen. Informieren Sie sich weitläufig aus unterschiedlichen Quellen und bedenken Sie, dass am Ende nur Sie für die Entscheidungen verantwortlich sind.

Haftung für externe Links
Unser Angebot enthält Links zu externen Websites Dritter, auf deren Inhalte wir keinen Einfluss haben. Deshalb können wir für diese fremden Inhalte auch keine Gewähr übernehmen. Für die Inhalte der verlinkten Seiten ist stets der jeweilige Anbieter oder Betreiber der Seiten verantwortlich. Die verlinkten Seiten wurden zum Zeitpunkt der Verlinkung auf mögliche Rechtsverstöße überprüft. Rechtswidrige Inhalte waren zum Zeitpunkt der Verlinkung nicht erkennbar.

www.ingramcontent.com/pod-product-compliance
Lightning Source LLC
La Vergne TN
LVHW010820051026
849532LV00007B/2585